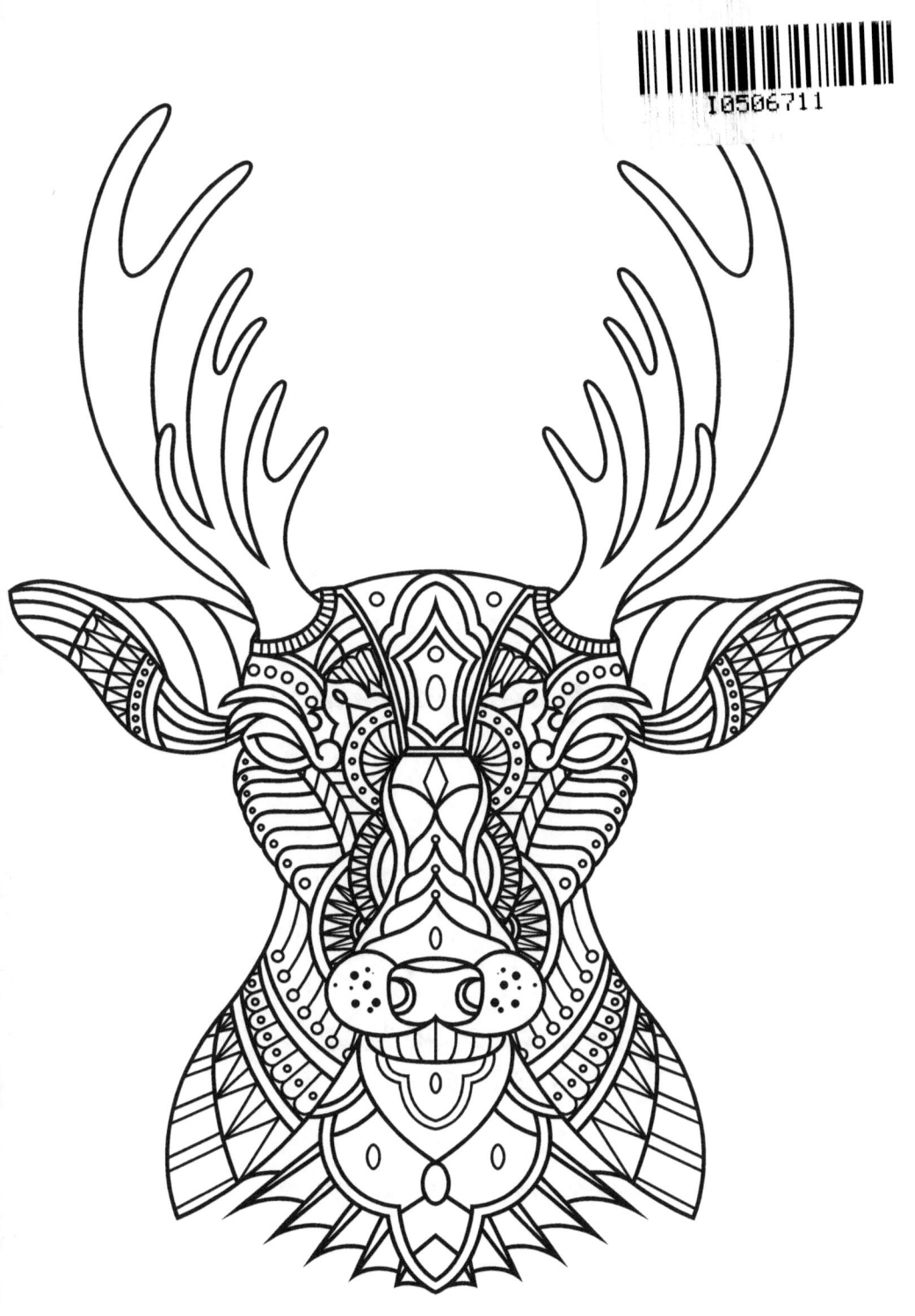

*Data*_____ L ☐ M ☐ M ☐ G ☐ V ☐ S ☐ D ☐

Note di meditazione

Come mi sento oggi

_____
_____
_____
_____
_____

Riflessioni Personali

_____
_____
_____
_____
_____

Il mio stato d'Animo

😀 🙂 😐 😑 ☹

Come posso migliorare

_____
_____
_____
_____

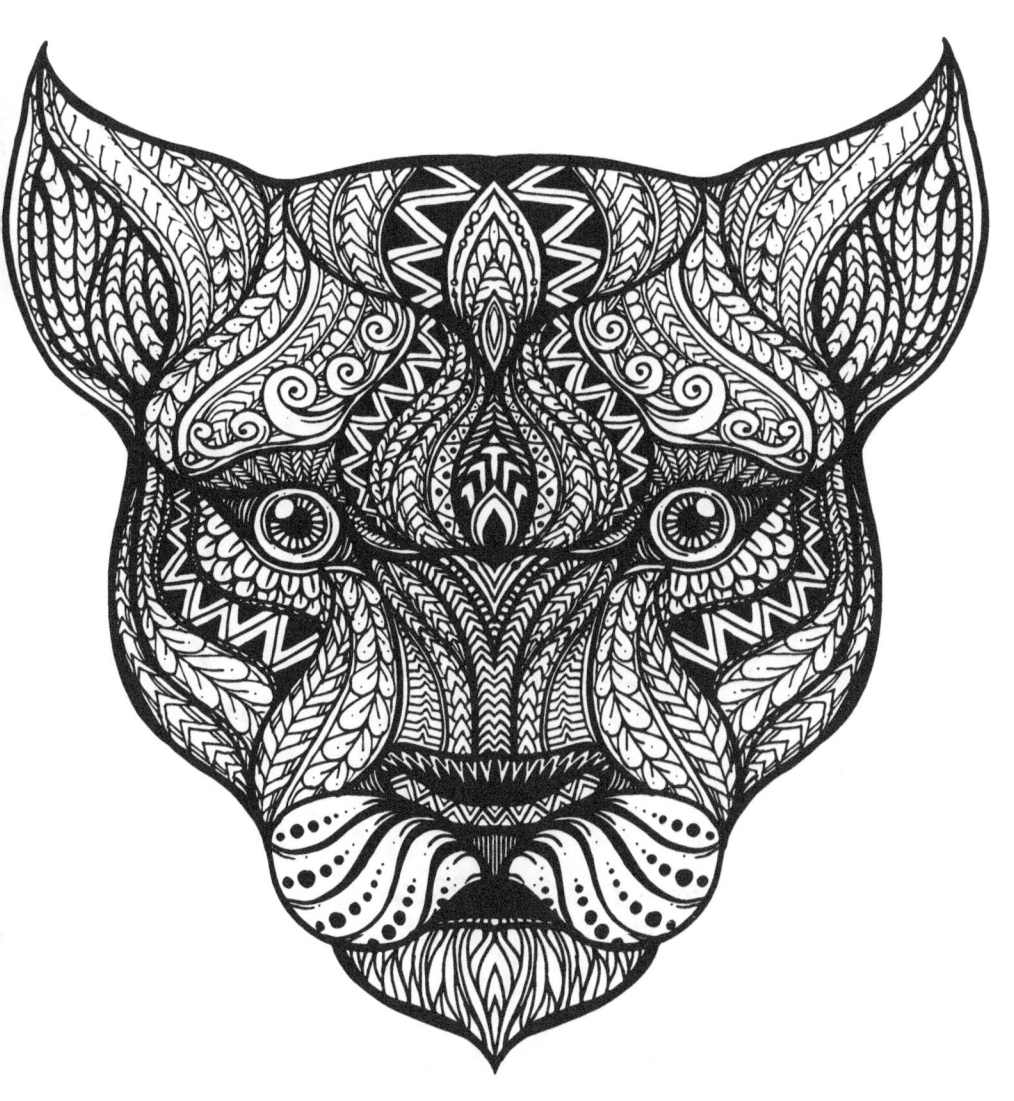

*Data*_____ L ☐ M ☐ M ☐ G ☐ V ☐ S ☐ D ☐

Note di meditazione

Come mi sento oggi

Riflessioni Personali

Il mio stato d'Animo
😄 🙂 😐 😕 ☹️

Come posso migliorare

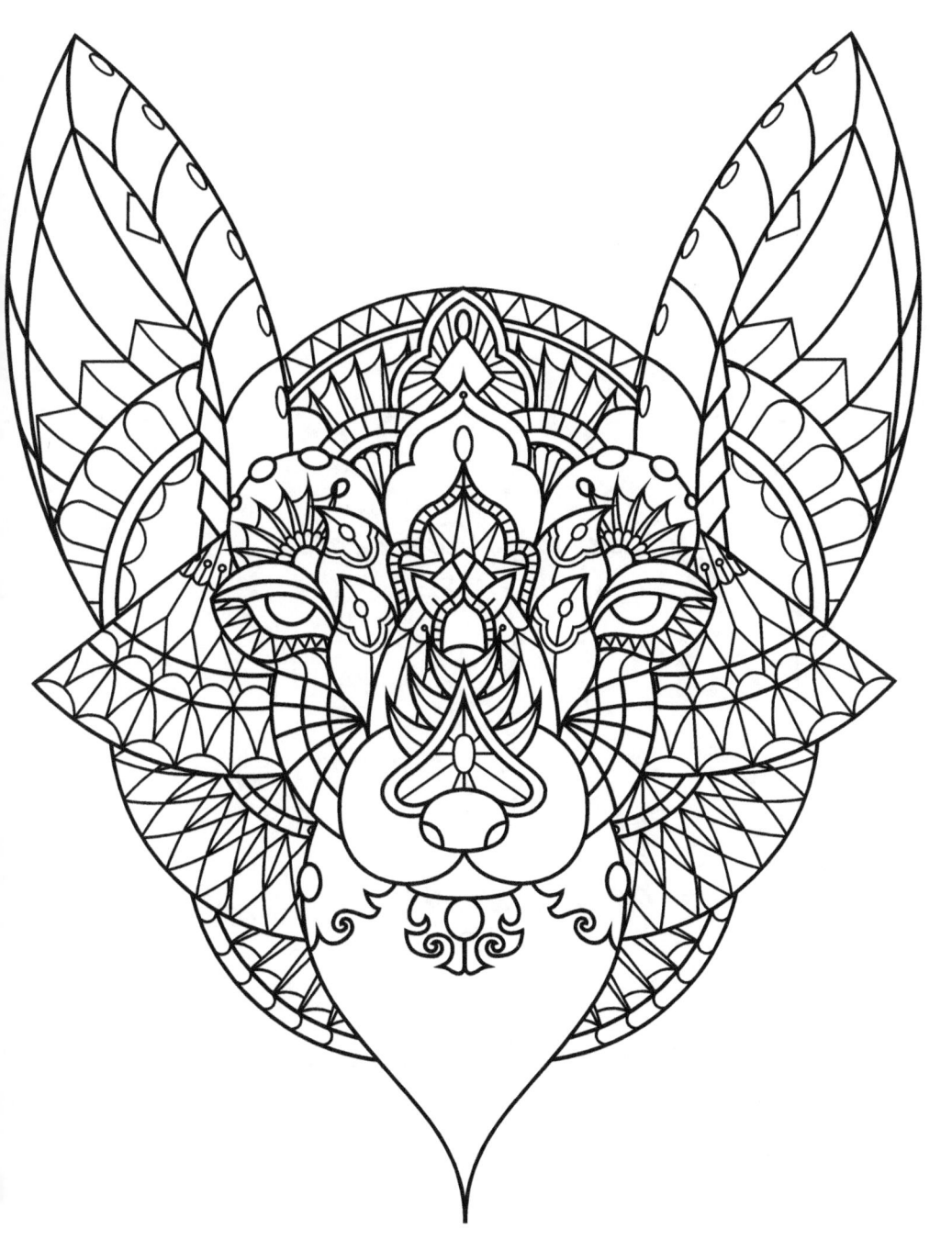

Data_____ L☐ M☐ M☐ G☐ V☐ S☐ D☐

Note di meditazione

Come mi sento oggi

_____
_____
_____
_____

Riflessioni Personali

_____
_____
_____
_____

Il mio stato d'Animo

😀 🙂 😐 😑 ☹

Come posso migliorare

_____
_____
_____
_____

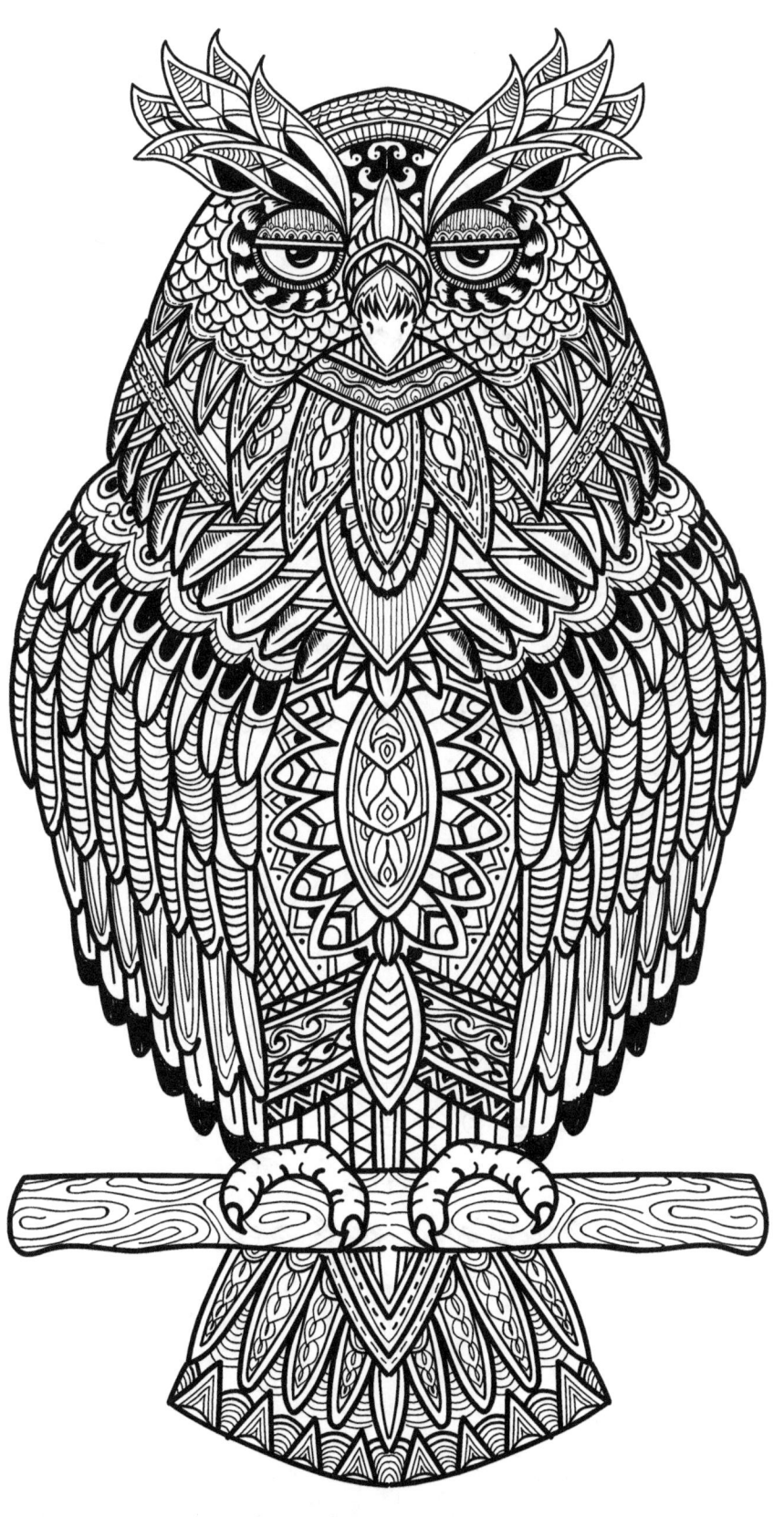

Data_____ L☐ M☐ M☐ G☐ V☐ S☐ D☐

Note di meditazione

Come mi sento oggi

Riflessioni Personali

Il mio stato d'Animo
😀 🙂 😐 😑 ☹️

Come posso migliorare

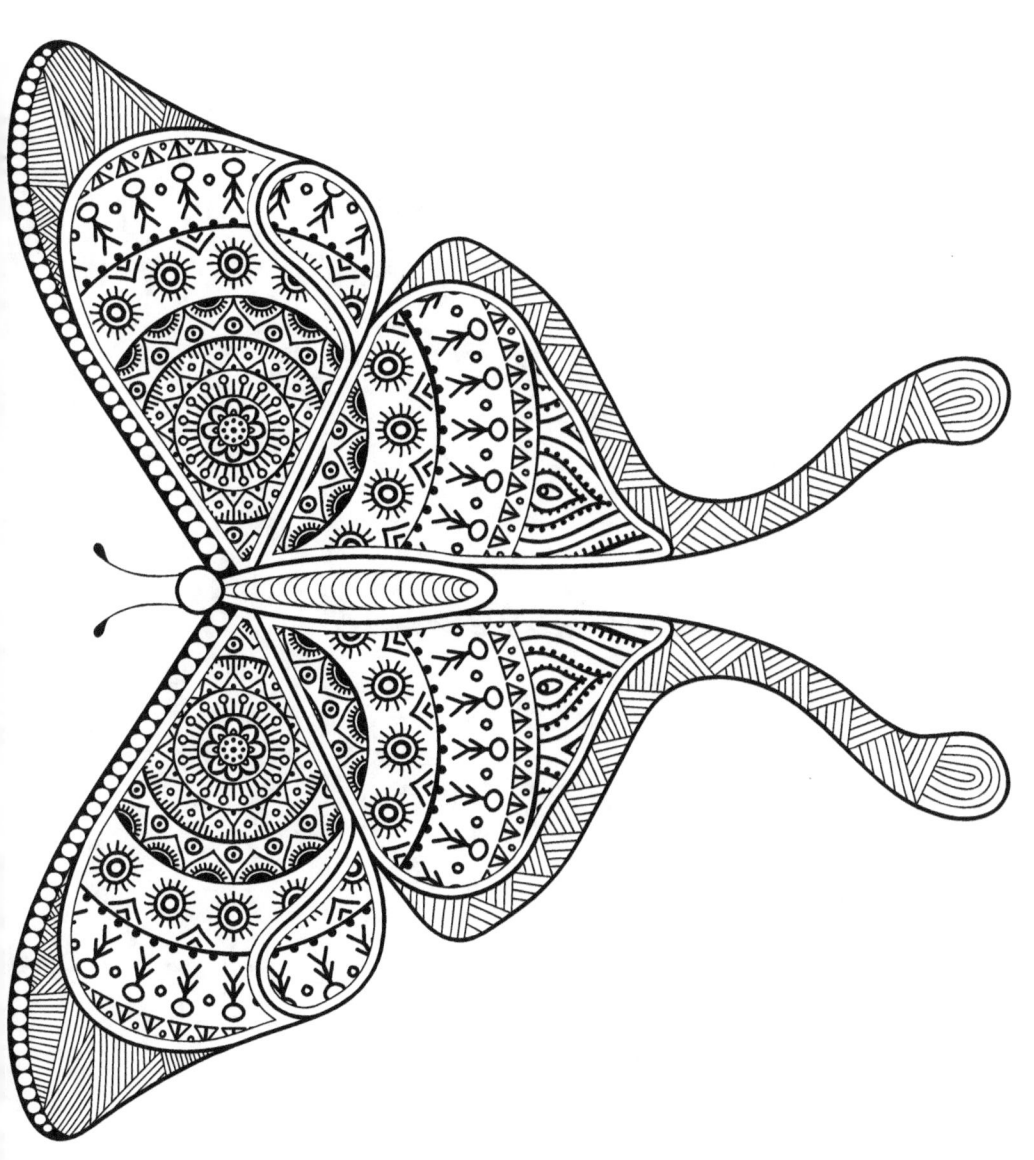

Data _____ L ☐ M ☐ M ☐ G ☐ V ☐ S ☐ D ☐

Note di meditazione

Come mi sento oggi

Riflessioni Personali

Il mio stato d'Animo
😃 🙂 😐 😑 ☹️

Come posso migliorare

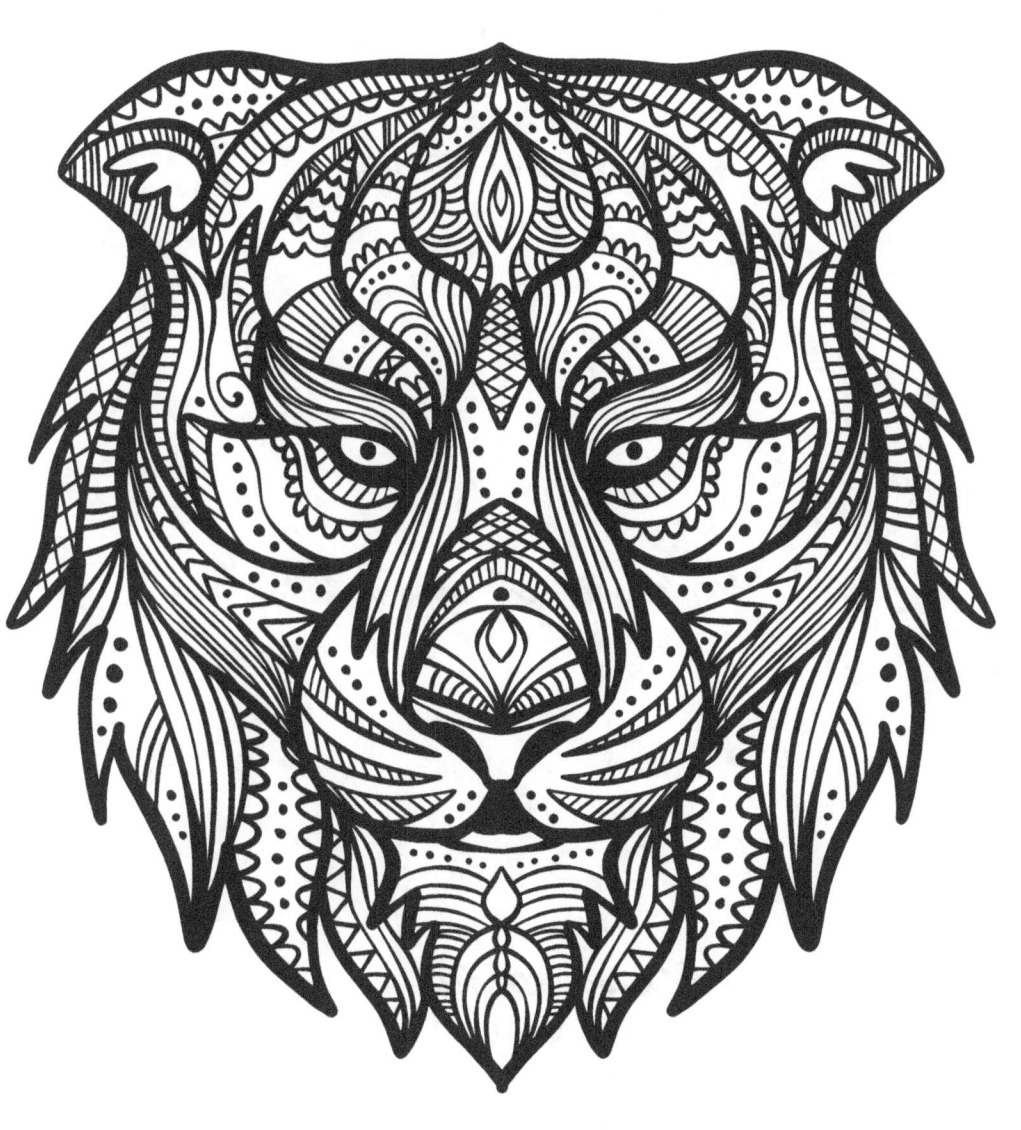

*Data*_____ L☐ M☐ M☐ G☐ V☐ S☐ D☐

Note di meditazione

Come mi sento oggi

_____
_____
_____
_____
_____

Riflessioni Personali

_____
_____
_____
_____
_____

Il mio stato d'Animo
😃 🙂 😐 😑 ☹️

Come posso migliorare

_____
_____
_____
_____
_____

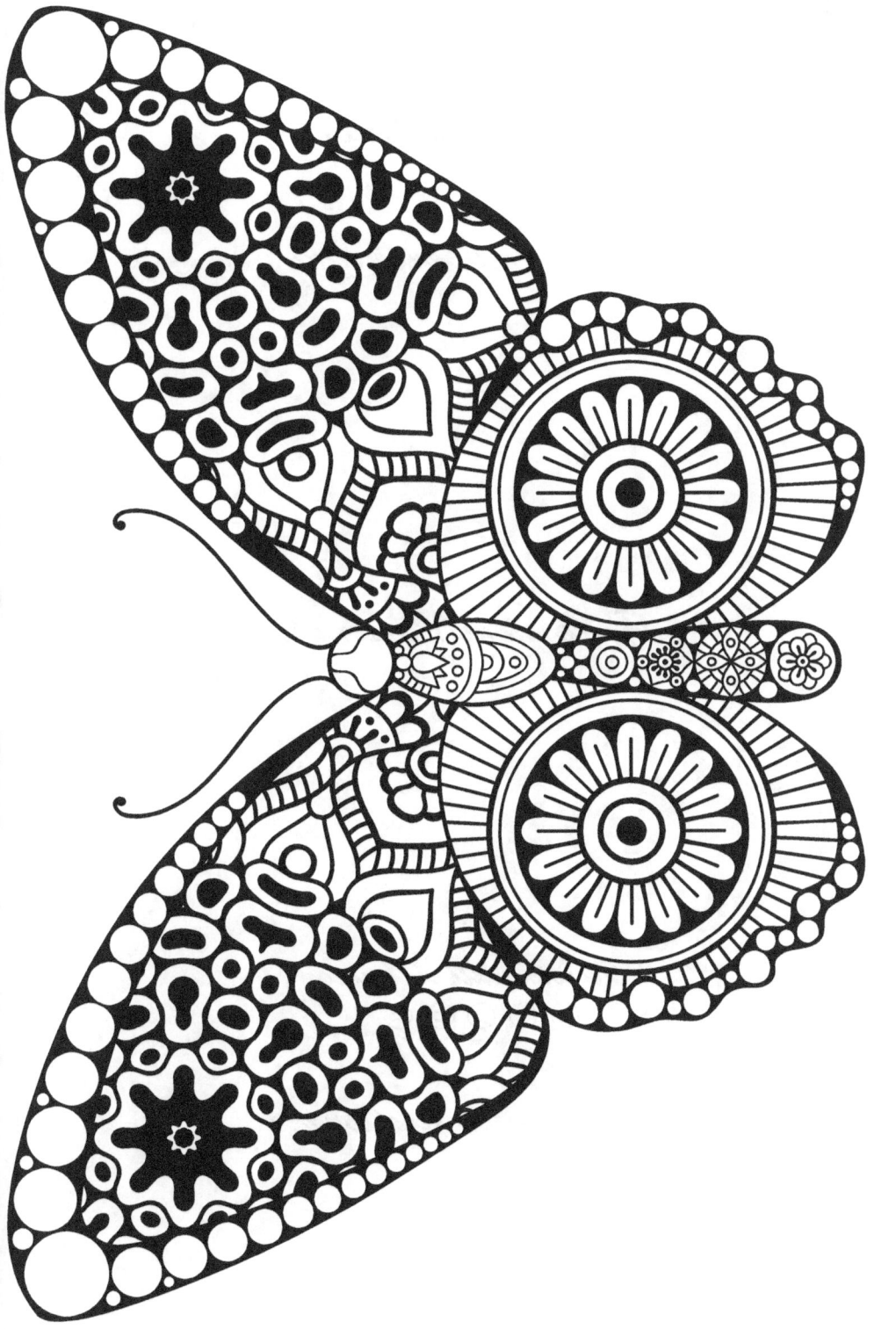

*Data*_____ L ☐ M ☐ M ☐ G ☐ V ☐ S ☐ D ☐

Note di meditazione

Come mi sento oggi

_____
_____
_____
_____
_____

Riflessioni Personali

_____
_____
_____
_____

Il mio stato d'Animo

😀 🙂 😐 😑 ☹

Come posso migliorare

_____
_____
_____
_____

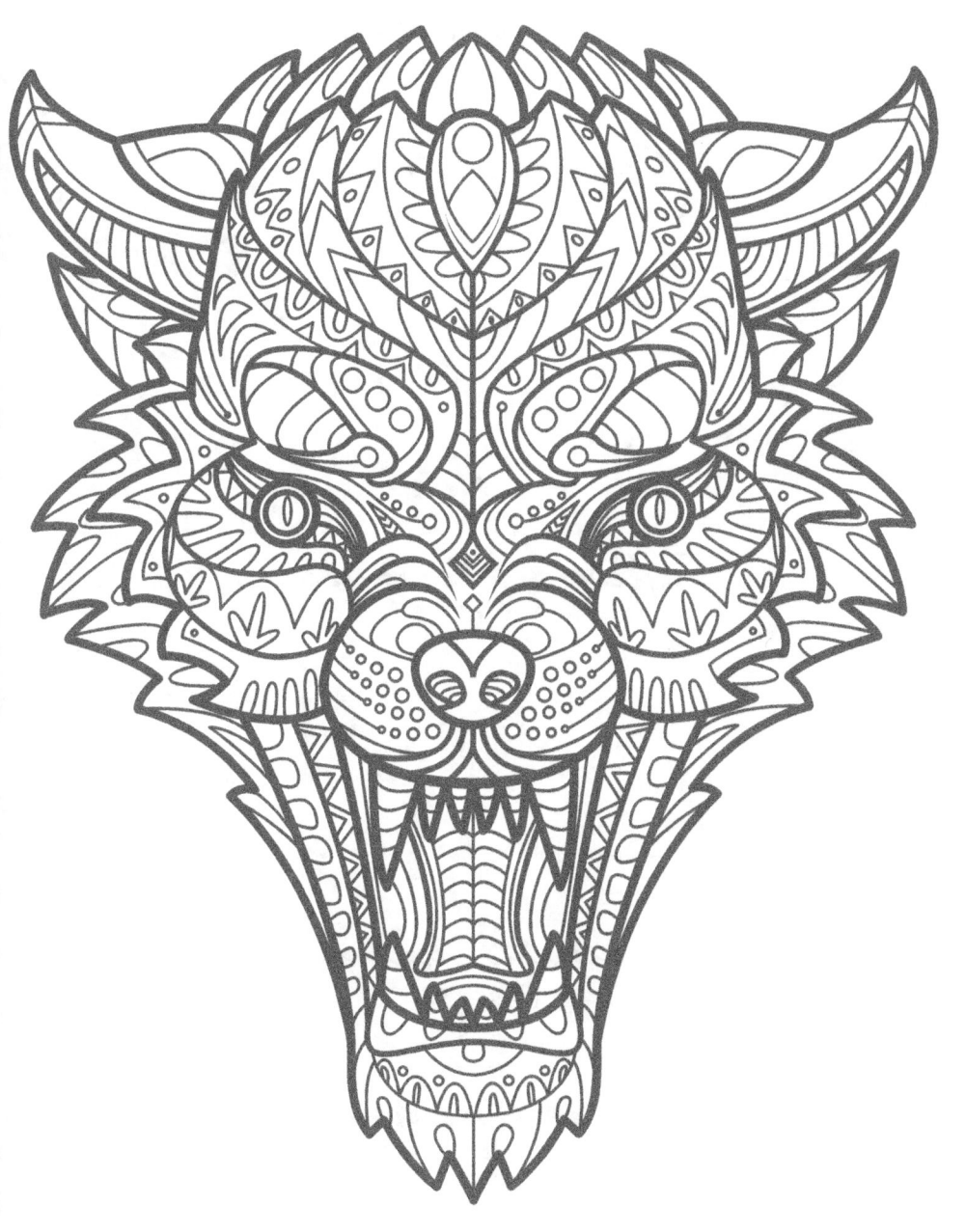

*Data*_____ L☐ M☐ M☐ G☐ V☐ S☐ D☐

Note di meditazione

Come mi sento oggi

_____
_____
_____
_____
_____

Riflessioni Personali

_____
_____
_____
_____
_____

Il mio stato d'Animo
😃 🙂 😐 😑 ☹️

Come posso migliorare

_____
_____
_____
_____
_____

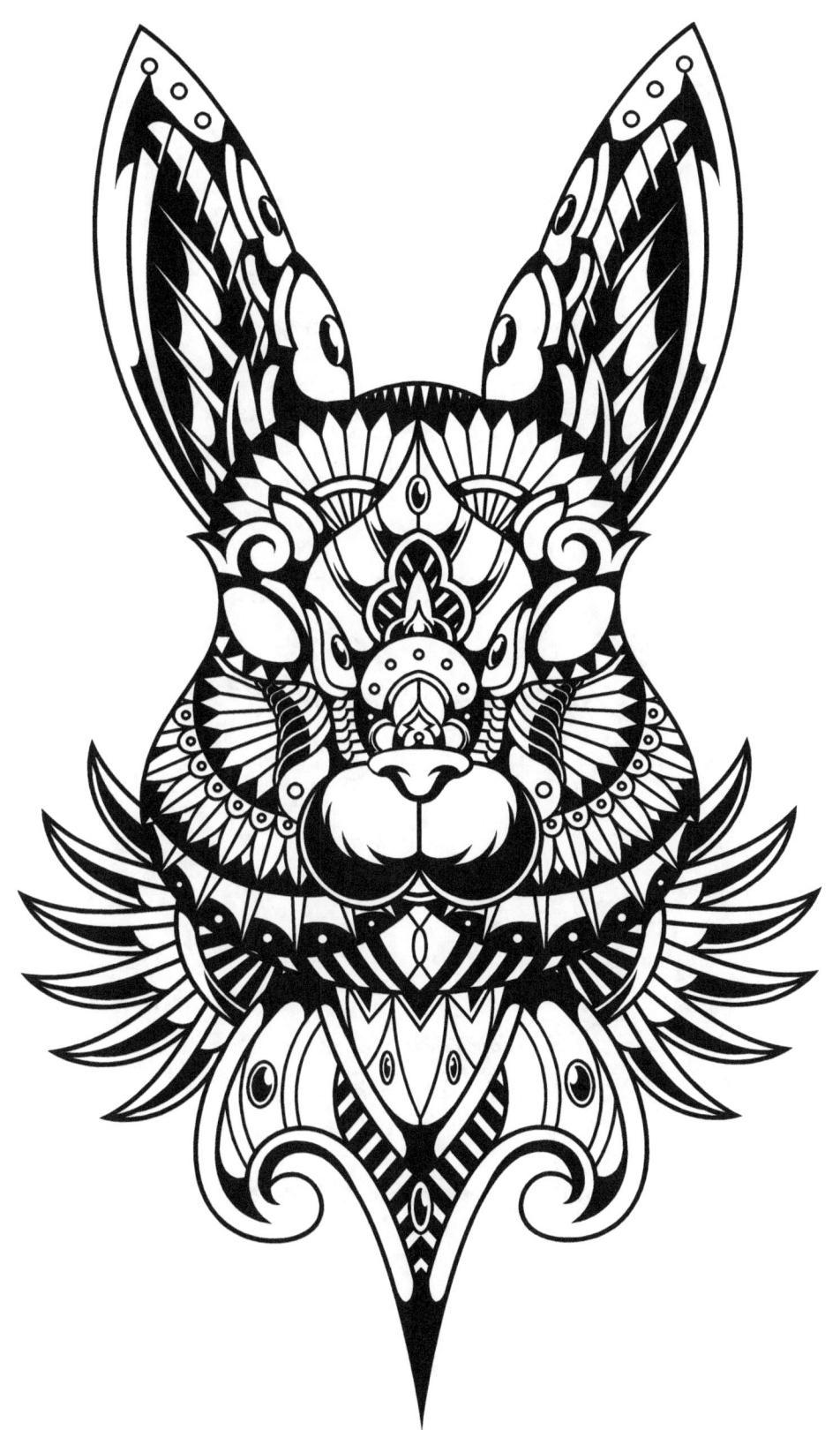

Data_____ L☐ M☐ M☐ G☐ V☐ S☐ D☐

Note di meditazione

Come mi sento oggi

Riflessioni Personali

Il mio stato d'Animo
😍 🙂 😐 😒 ☹️

Come posso migliorare

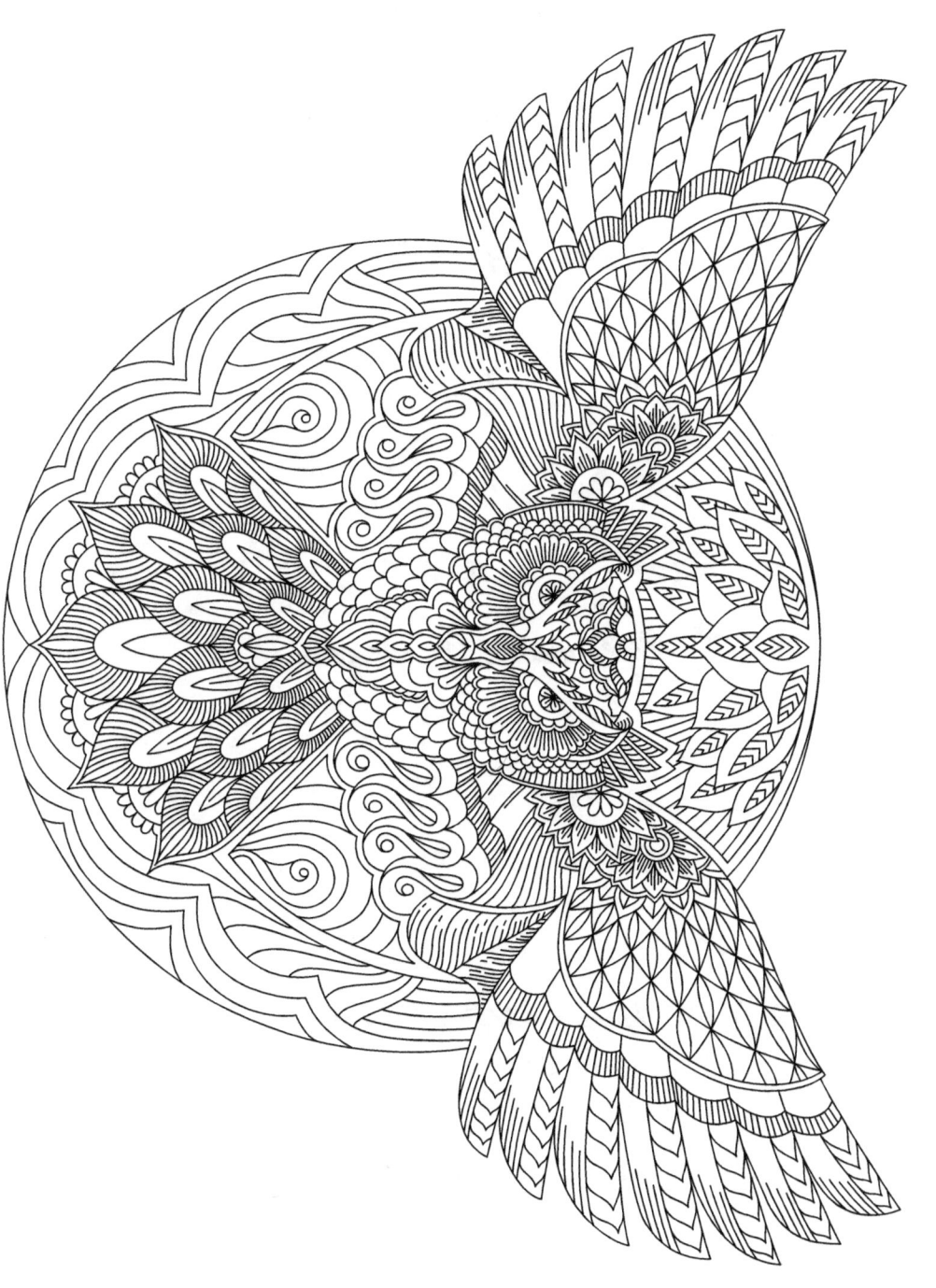

*Data*_____ L ☐ M ☐ M ☐ G ☐ V ☐ S ☐ D ☐

Note di meditazione

Come mi sento oggi

_____
_____
_____
_____
_____

Riflessioni Personali

_____
_____
_____
_____

Il mio stato d'Animo
😃 🙂 😐 😑 ☹️

Come posso migliorare

_____
_____
_____
_____

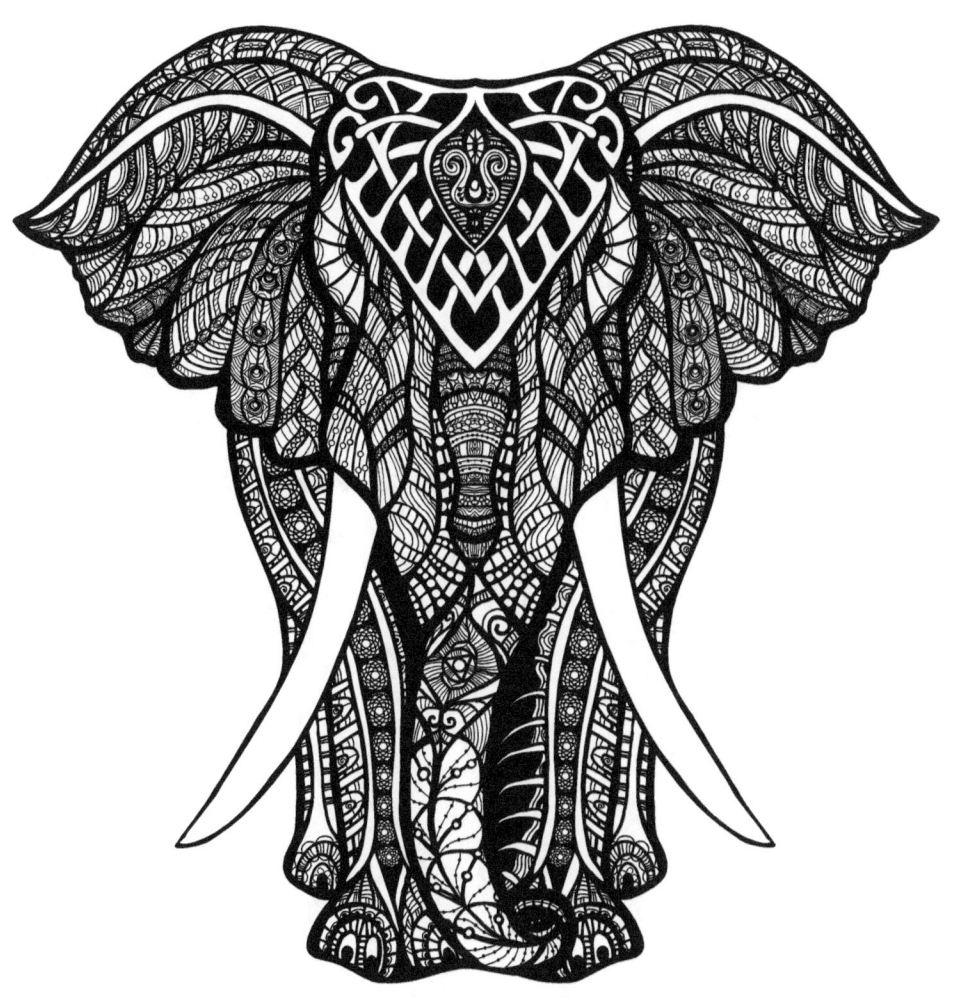

Data_____ L☐ M☐ M☐ G☐ V☐ S☐ D☐

Note di meditazione

Come mi sento oggi

_____
_____
_____
_____
_____

Riflessioni Personali

_____
_____
_____
_____

Il mio stato d'Animo
😄 🙂 😐 😑 ☹️

Come posso migliorare

_____
_____
_____
_____

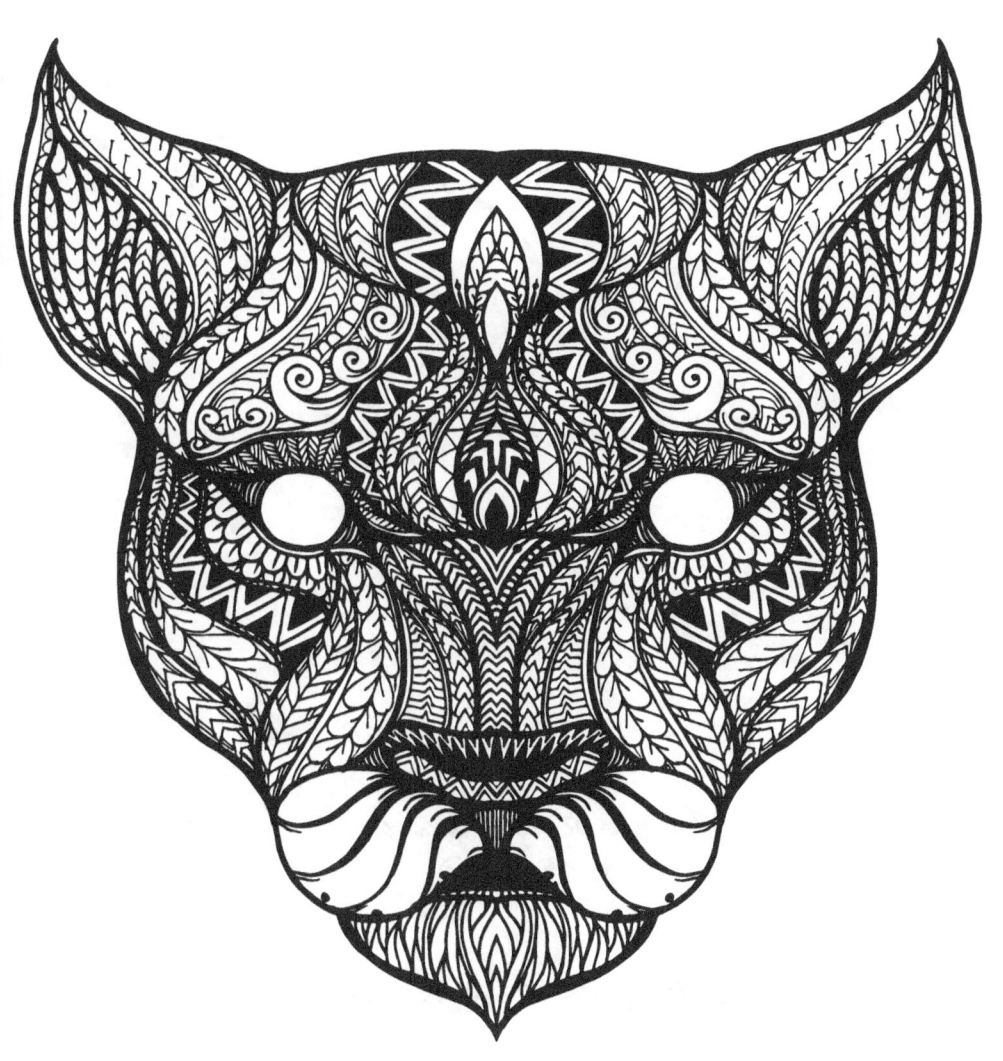

Data_____ L☐ M☐ M☐ G☐ V☐ S☐ D☐

Note di meditazione

Come mi sento oggi

Riflessioni Personali

Il mio stato d'Animo
😍 🙂 😐 ☹️

Come posso migliorare

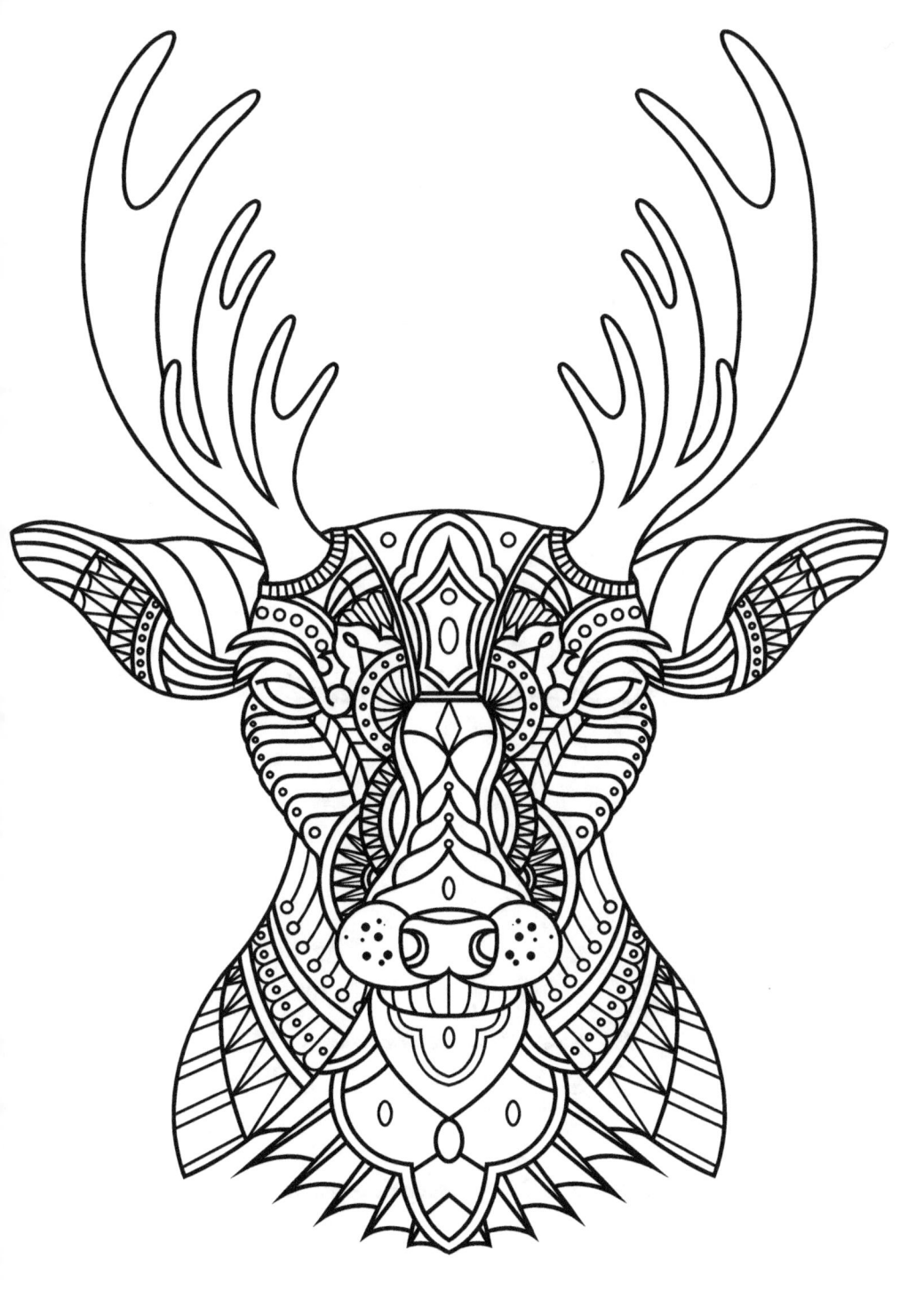

Data_____ L☐ M☐ M☐ G☐ V☐ S☐ D☐

Note di meditazione

Come mi sento oggi

Riflessioni Personali

Il mio stato d'Animo
😀 🙂 😐 😑 ☹

Come posso migliorare

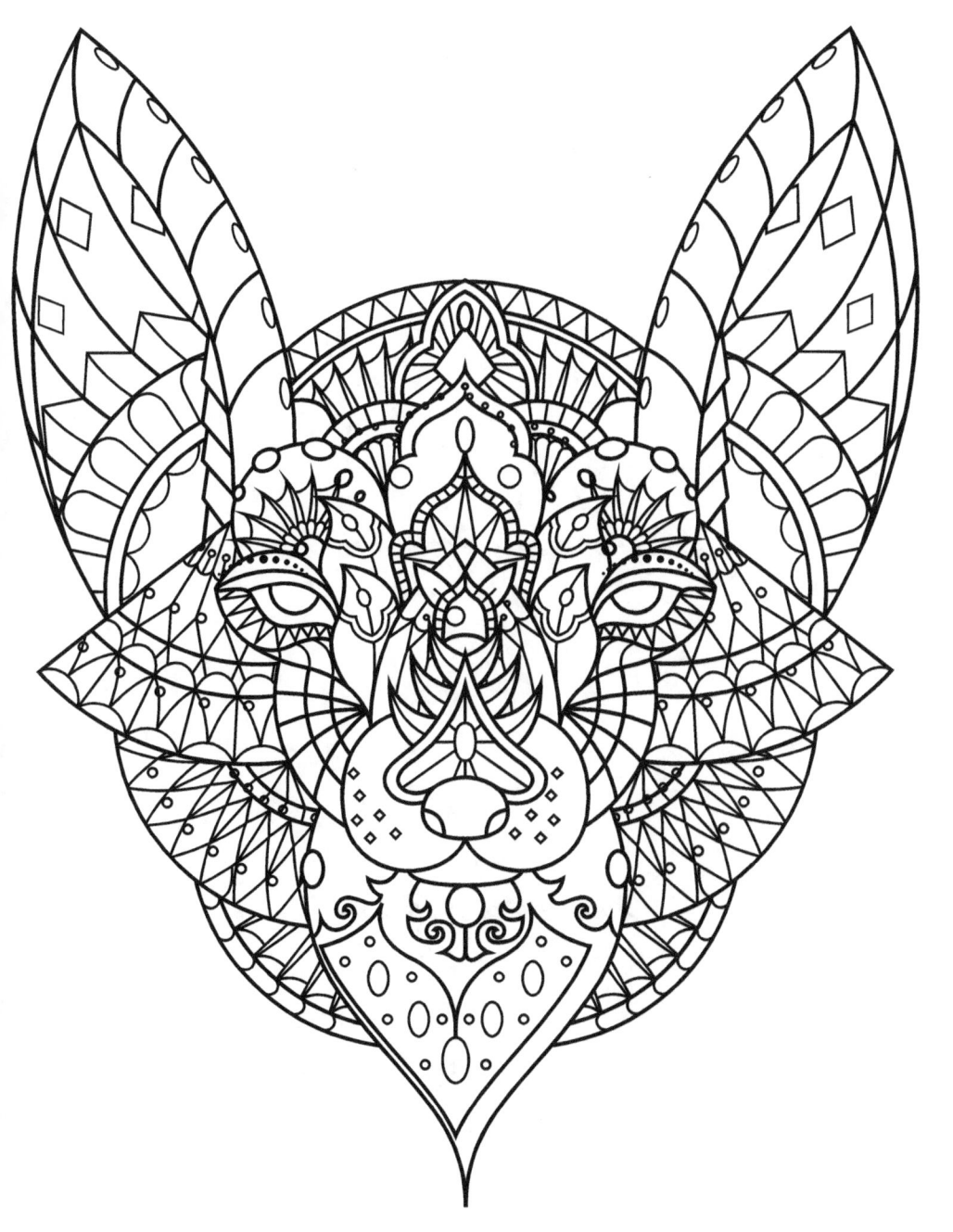

Data_____ L☐ M☐ M☐ G☐ V☐ S☐ D☐

Note di meditazione

Come mi sento oggi

_____
_____
_____
_____
_____

Riflessioni Personali

_____
_____
_____
_____
_____

Il mio stato d'Animo

😍 🙂 😐 😑 ☹️

Come posso migliorare

_____
_____
_____
_____
_____

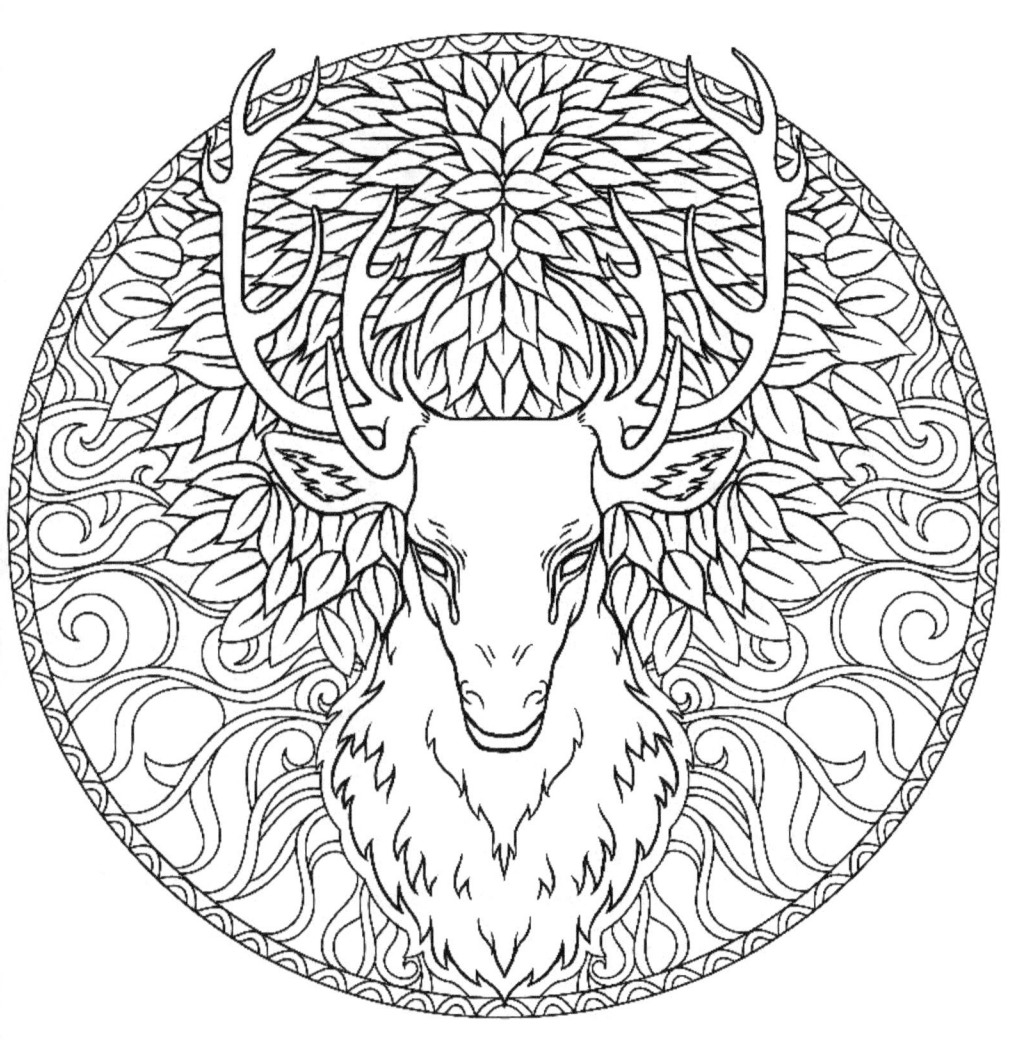

Data_____ L☐ M☐ M☐ G☐ V☐ S☐ D☐

Note di meditazione

Come mi sento oggi

_____
_____
_____
_____
_____

Riflessioni Personali

_____
_____
_____
_____
_____

Il mio stato d'Animo

😍 🙂 😐 😑 ☹️

Come posso migliorare

_____
_____
_____
_____

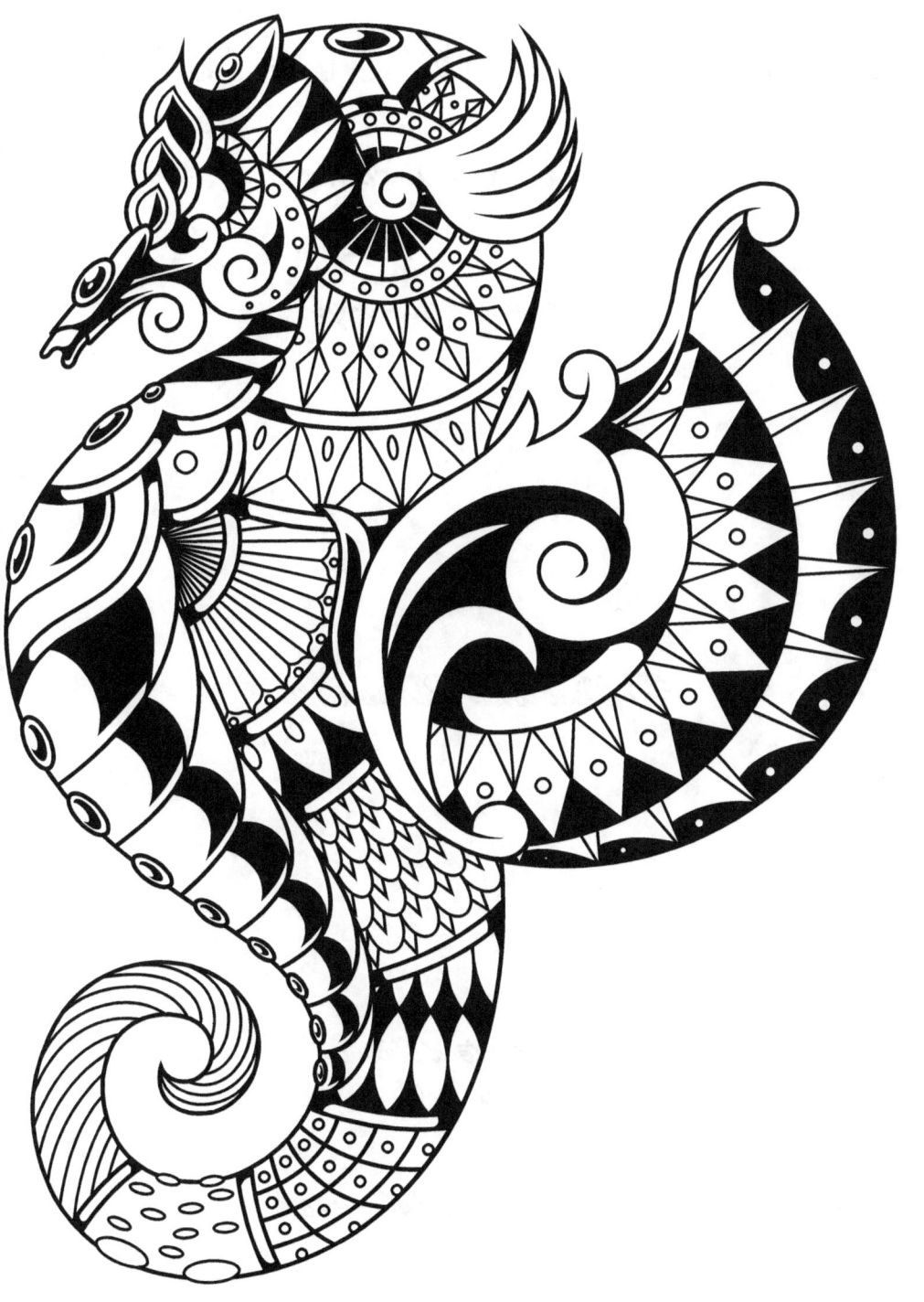

Data_____ L☐ M☐ M☐ G☐ V☐ S☐ D☐

Note di meditazione

Come mi sento oggi

_____
_____
_____
_____
_____

Riflessioni Personali

_____
_____
_____
_____
_____

Il mio stato d'Animo

😊 🙂 😐 😑 ☹

Come posso migliorare

_____
_____
_____

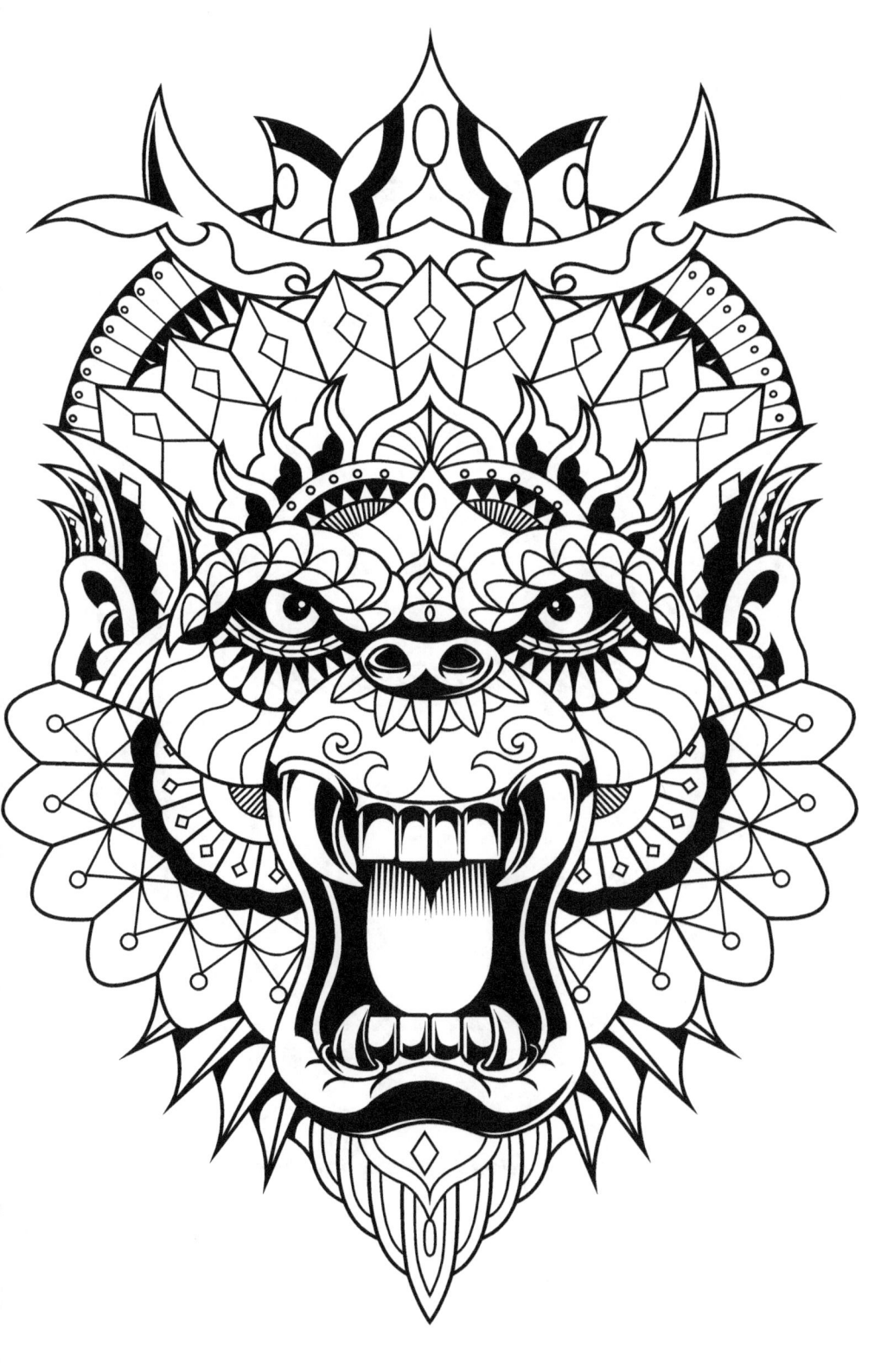

Data_____ L☐ M☐ M☐ G☐ V☐ S☐ D☐

Note di meditazione

Come mi sento oggi

_____
_____
_____
_____

Riflessioni Personali

_____
_____
_____
_____
_____

Il mio stato d'Animo
😀 🙂 😐 😕 ☹️

Come posso migliorare

_____
_____
_____
_____

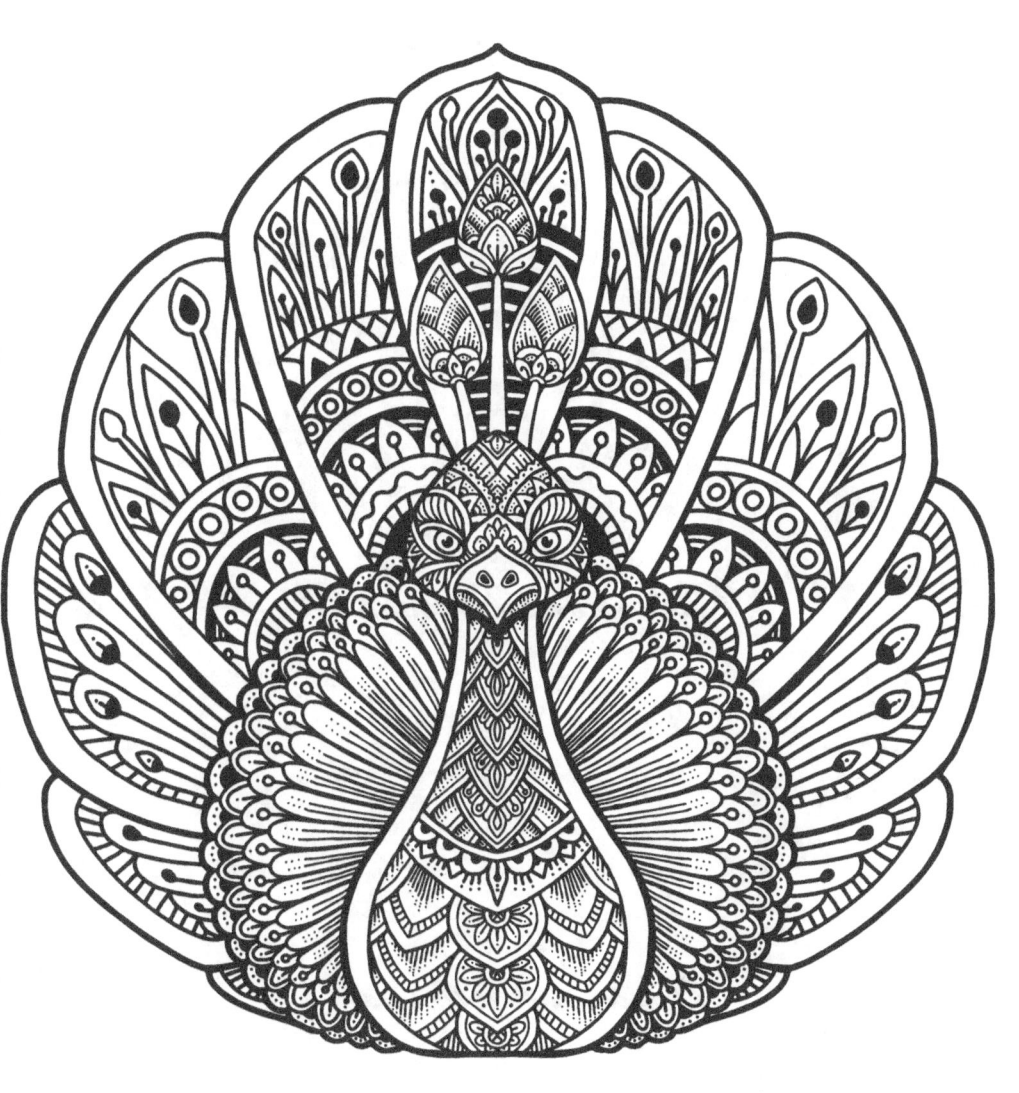

Data _____ L ☐ M ☐ M ☐ G ☐ V ☐ S ☐ D ☐

Note di meditazione

Come mi sento oggi

_____
_____
_____
_____
_____

Riflessioni Personali

_____
_____
_____
_____
_____

Il mio stato d'Animo

😃 🙂 😐 😑 ☹️

Come posso migliorare

_____
_____
_____
_____
_____

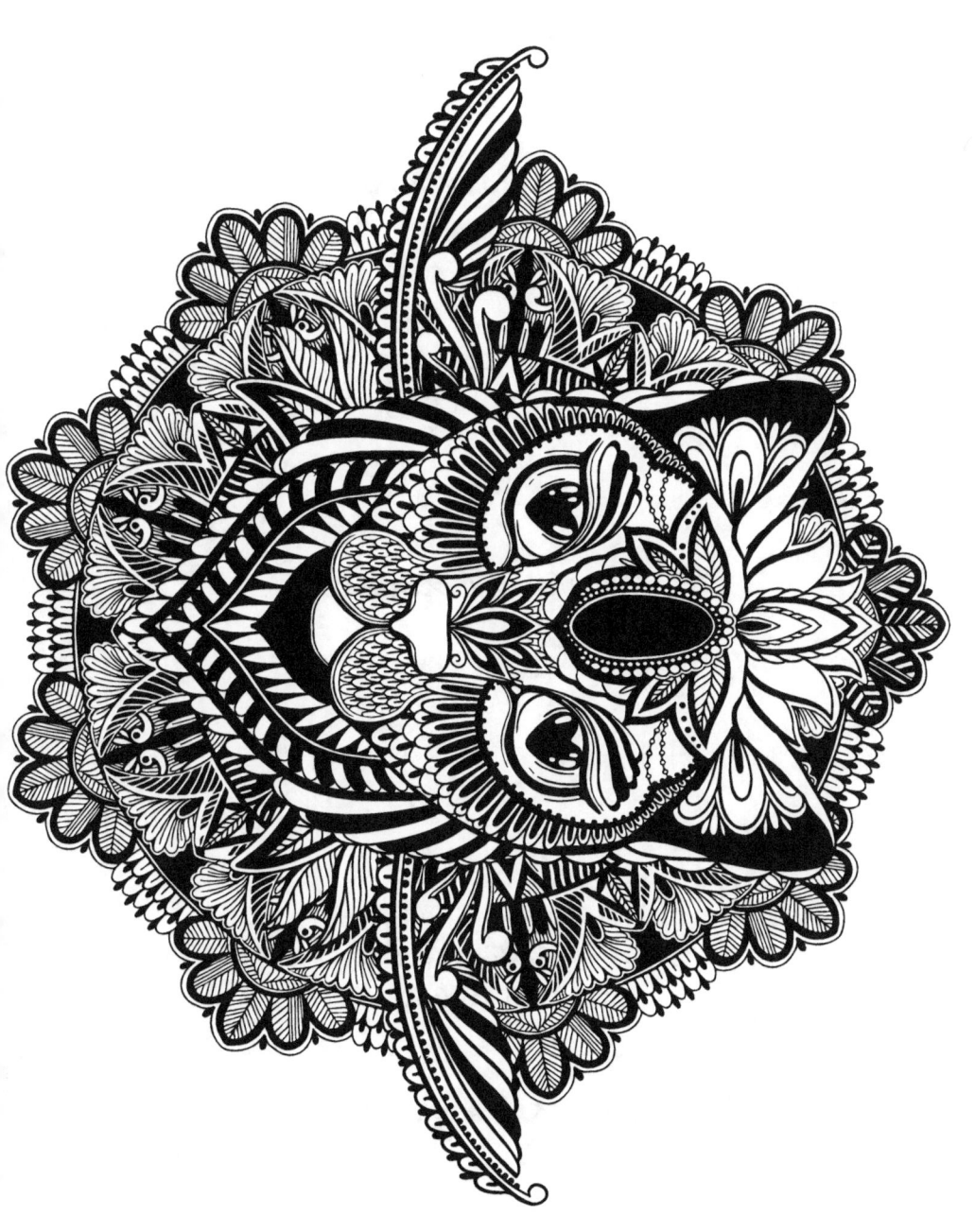

Data_____ L☐ M☐ M☐ G☐ V☐ S☐ D☐

Note di meditazione

Come mi sento oggi

Riflessioni Personali

Il mio stato d'Animo
😊 🙂 😐 😑 ☹️

Come posso migliorare

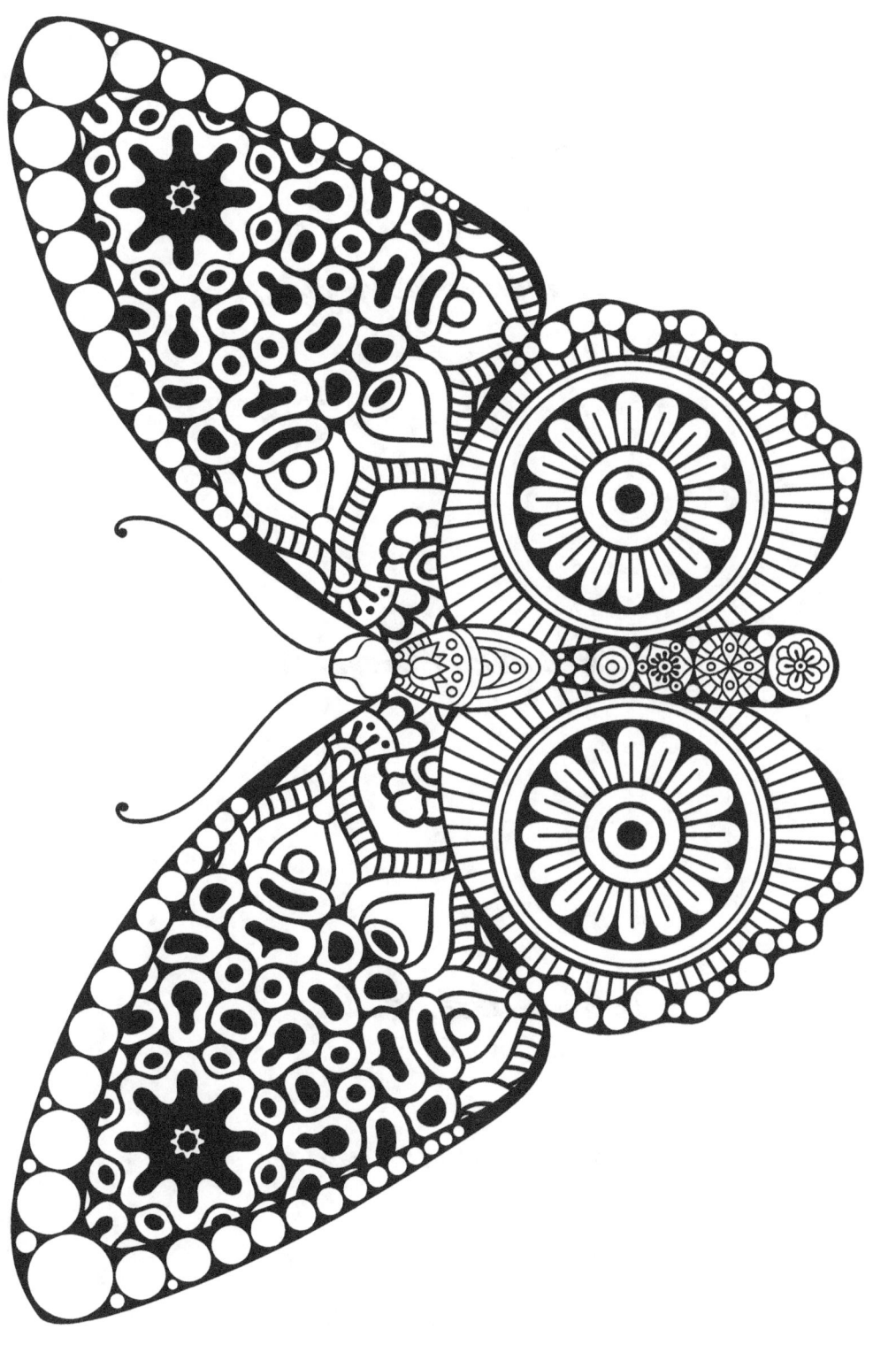

Data_____ L☐ M☐ M☐ G☐ V☐ S☐ D☐

Note di meditazione

Come mi sento oggi

_____
_____
_____
_____
_____

Riflessioni Personali

_____
_____
_____
_____
_____

Il mio stato d'Animo

😍 🙂 😐 😑 ☹

Come posso migliorare

_____
_____
_____
_____
_____

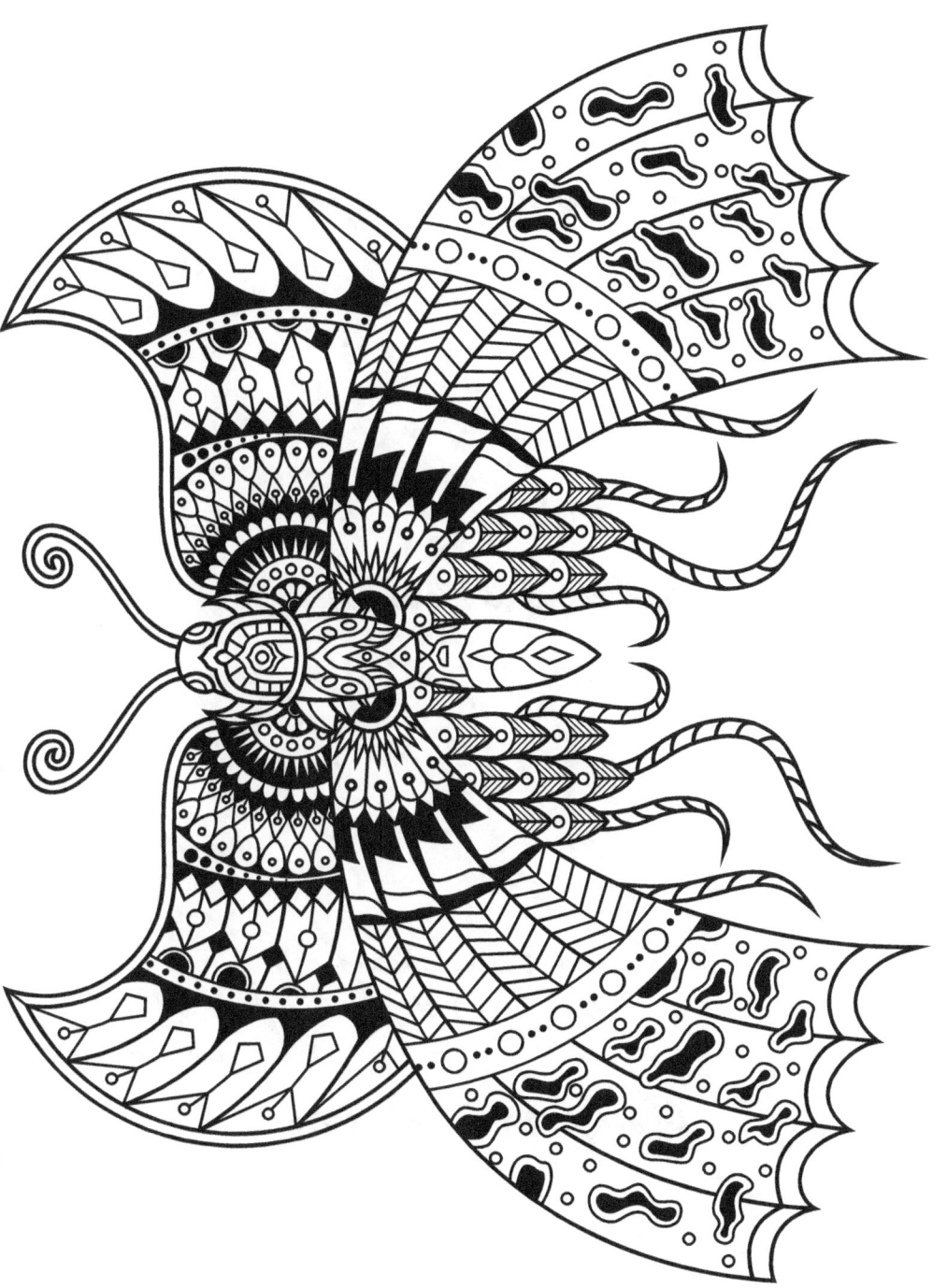

Data_____ L☐ M☐ M☐ G☐ V☐ S☐ D☐

Note di meditazione

Come mi sento oggi

_____
_____
_____
_____
_____

Riflessioni Personali

_____
_____
_____
_____

Il mio stato d'Animo

😊 🙂 😐 😑 ☹️

Come posso migliorare

_____
_____
_____
_____

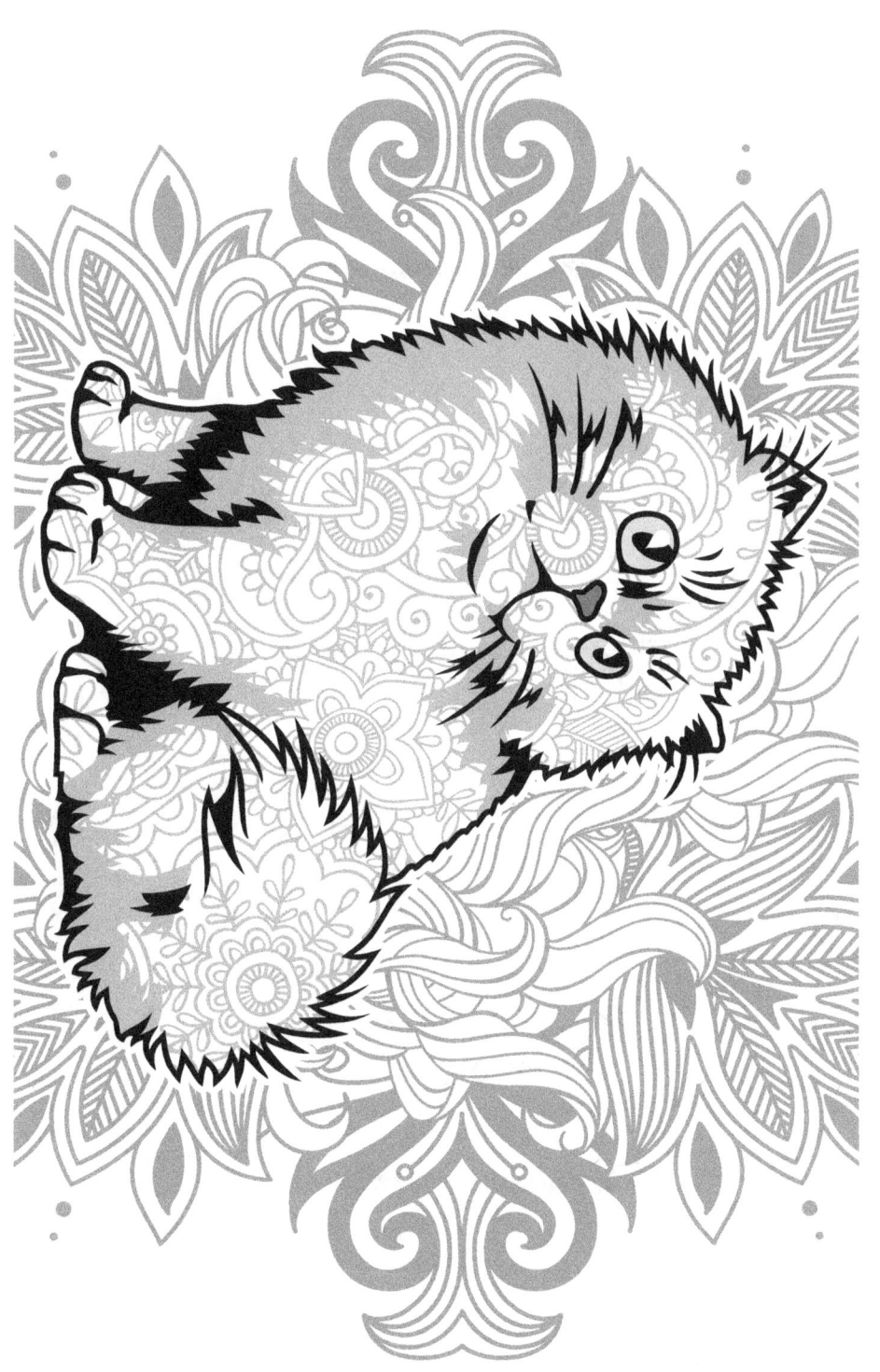

*Data*_____ L ☐ M ☐ M ☐ G ☐ V ☐ S ☐ D ☐

Note di meditazione

Come mi sento oggi

_____
_____
_____
_____
_____

Riflessioni Personali

_____
_____
_____
_____
_____

Il mio stato d'Animo
😀 🙂 😕 😐 ☹️

Come posso migliorare

_____
_____
_____
_____

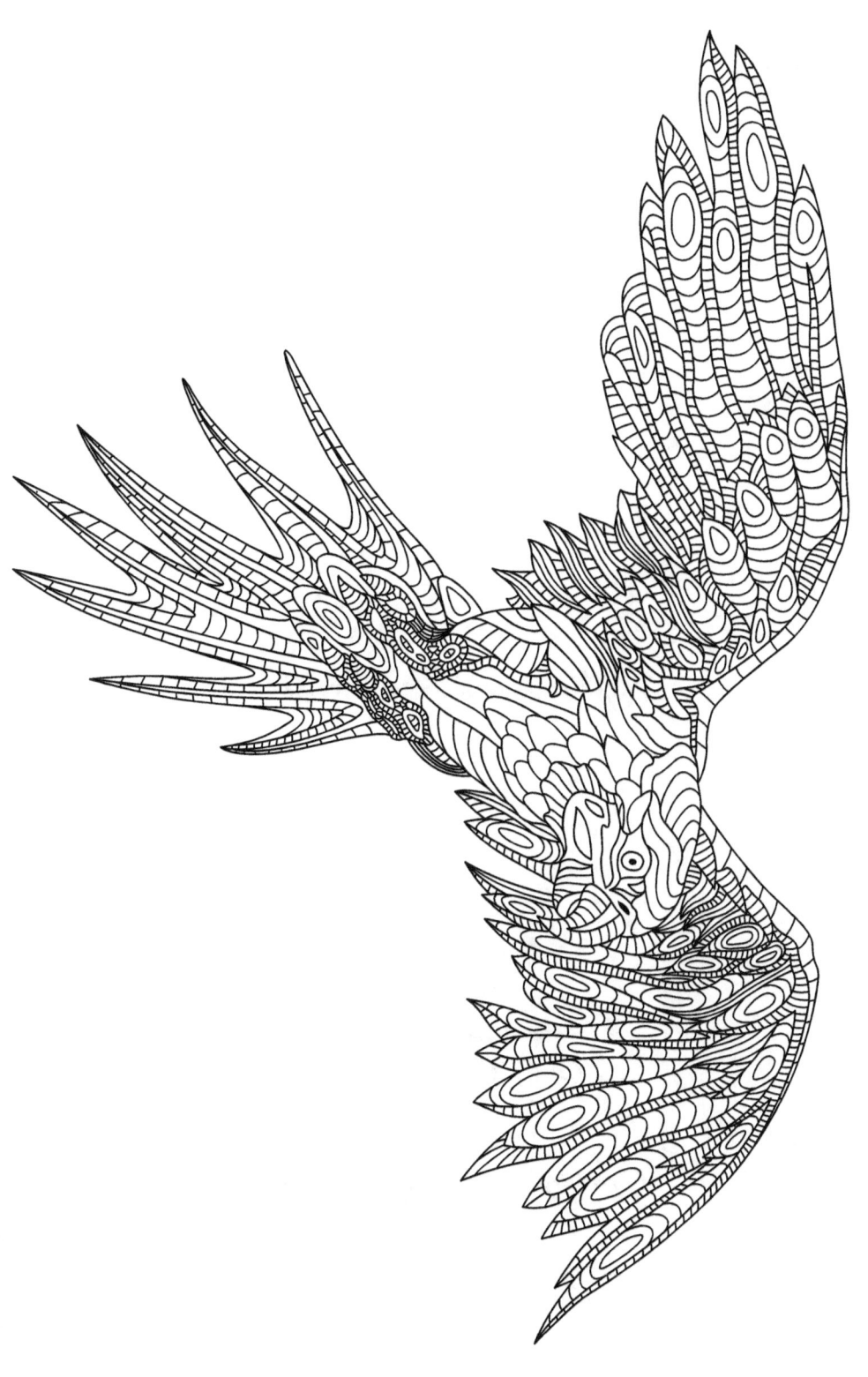

*Data*_____ L☐ M☐ M☐ G☐ V☐ S☐ D☐

Note di meditazione

Come mi sento oggi

_____
_____
_____
_____

Riflessioni Personali

_____
_____
_____
_____

Il mio stato d'Animo
😃 🙂 😐 😑 ☹️

Come posso migliorare

_____
_____
_____
_____

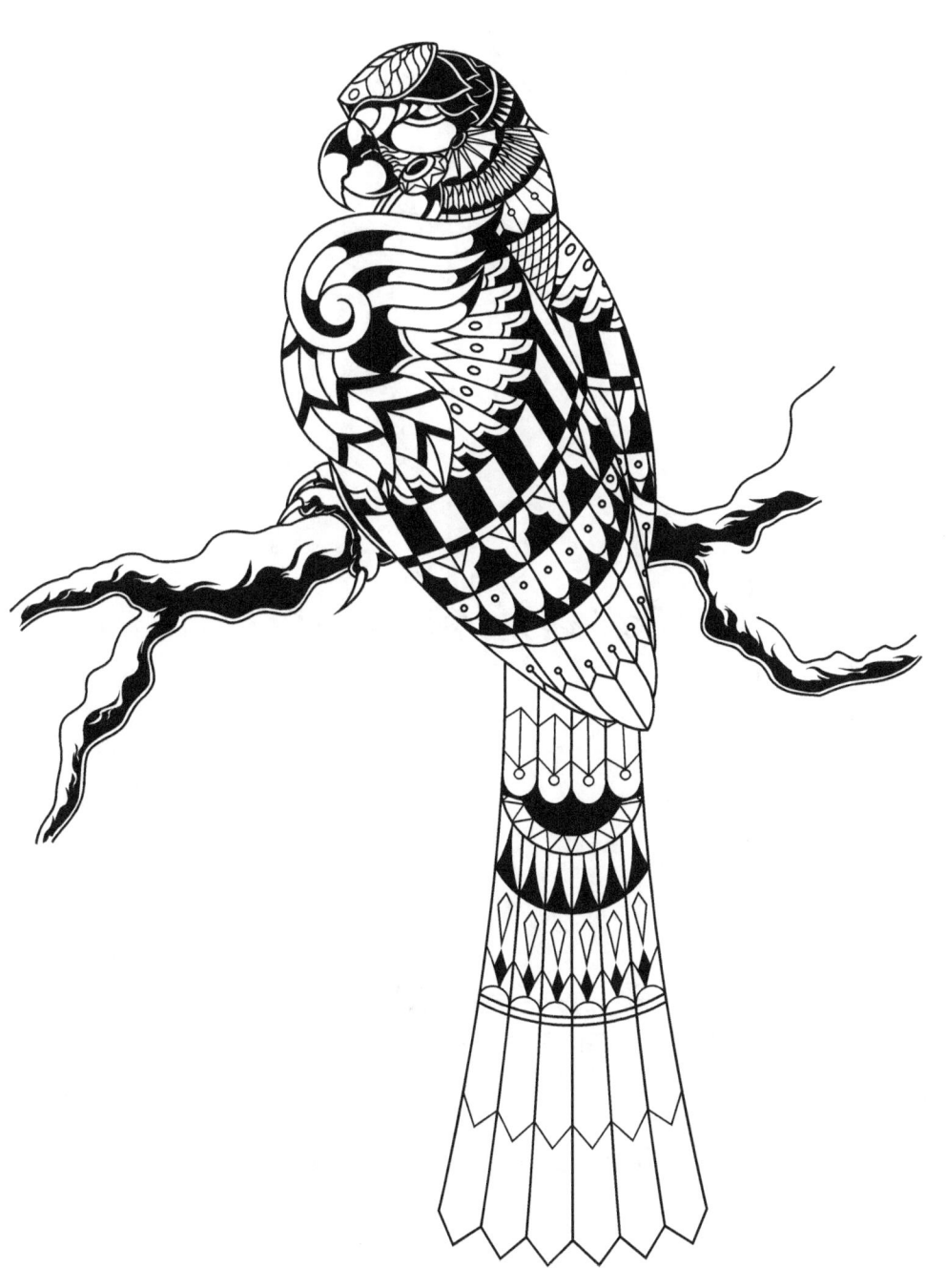

Data_____ L☐ M☐ M☐ G☐ V☐ S☐ D☐

Note di meditazione

Come mi sento oggi

_____
_____
_____
_____
_____

Riflessioni Personali

_____
_____
_____
_____
_____

Il mio stato d'Animo

😊 🙂 😐 😑 ☹️

Come posso migliorare

_____
_____
_____
_____

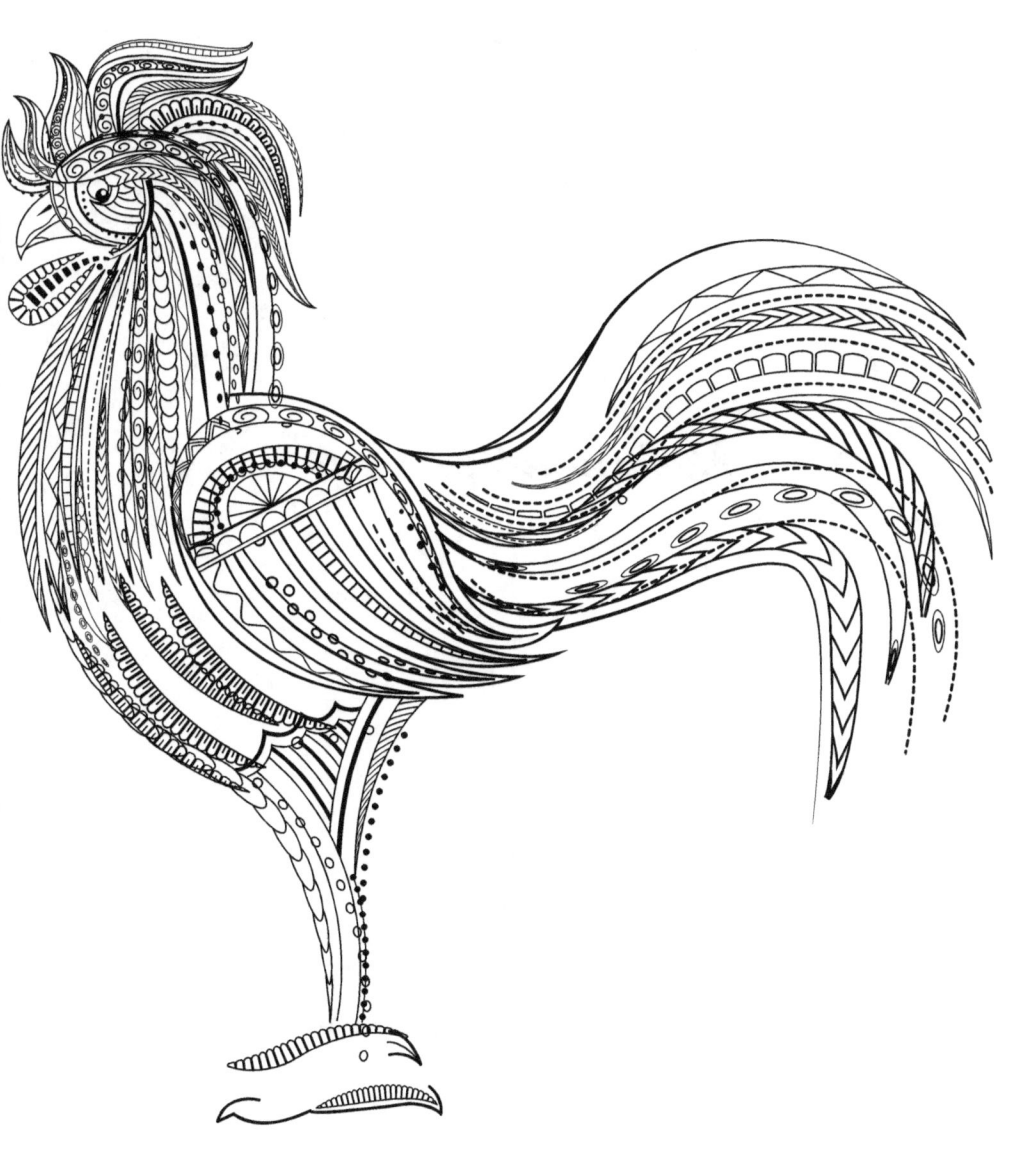

Data_____ L☐ M☐ M☐ G☐ V☐ S☐ D☐

Note di meditazione

Come mi sento oggi

_____
_____
_____
_____
_____

Riflessioni Personali

_____
_____
_____
_____
_____

Il mio stato d'Animo
😀 🙂 😕 😐 ☹️

Come posso migliorare

_____
_____
_____
_____

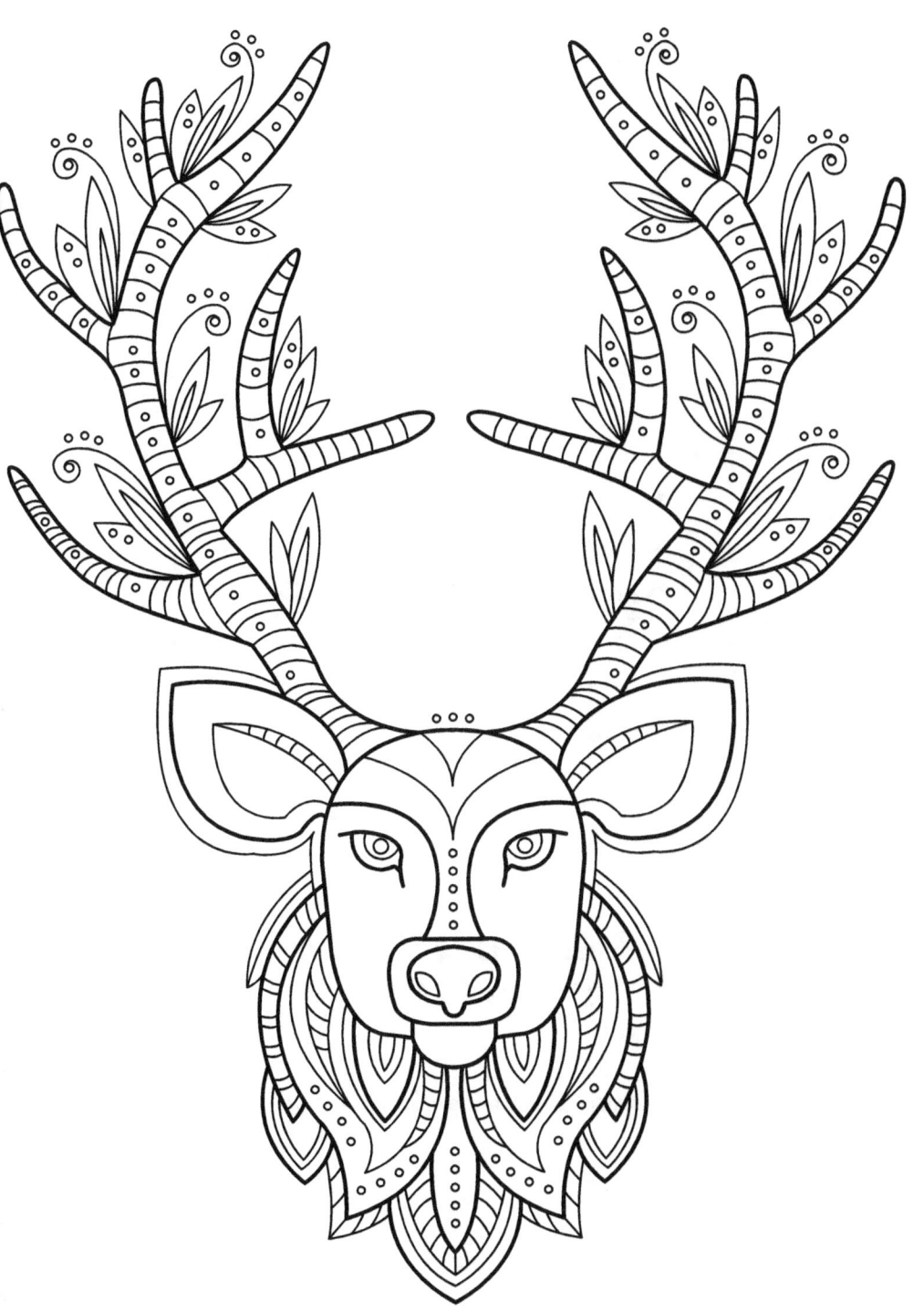

Data_____ L☐ M☐ M☐ G☐ V☐ S☐ D☐

Note di meditazione

Come mi sento oggi

_____
_____
_____
_____
_____

Riflessioni Personali

_____
_____
_____
_____
_____

Il mio stato d'Animo
😊 🙂 😕 😐 ☹️

Come posso migliorare

_____
_____
_____
_____

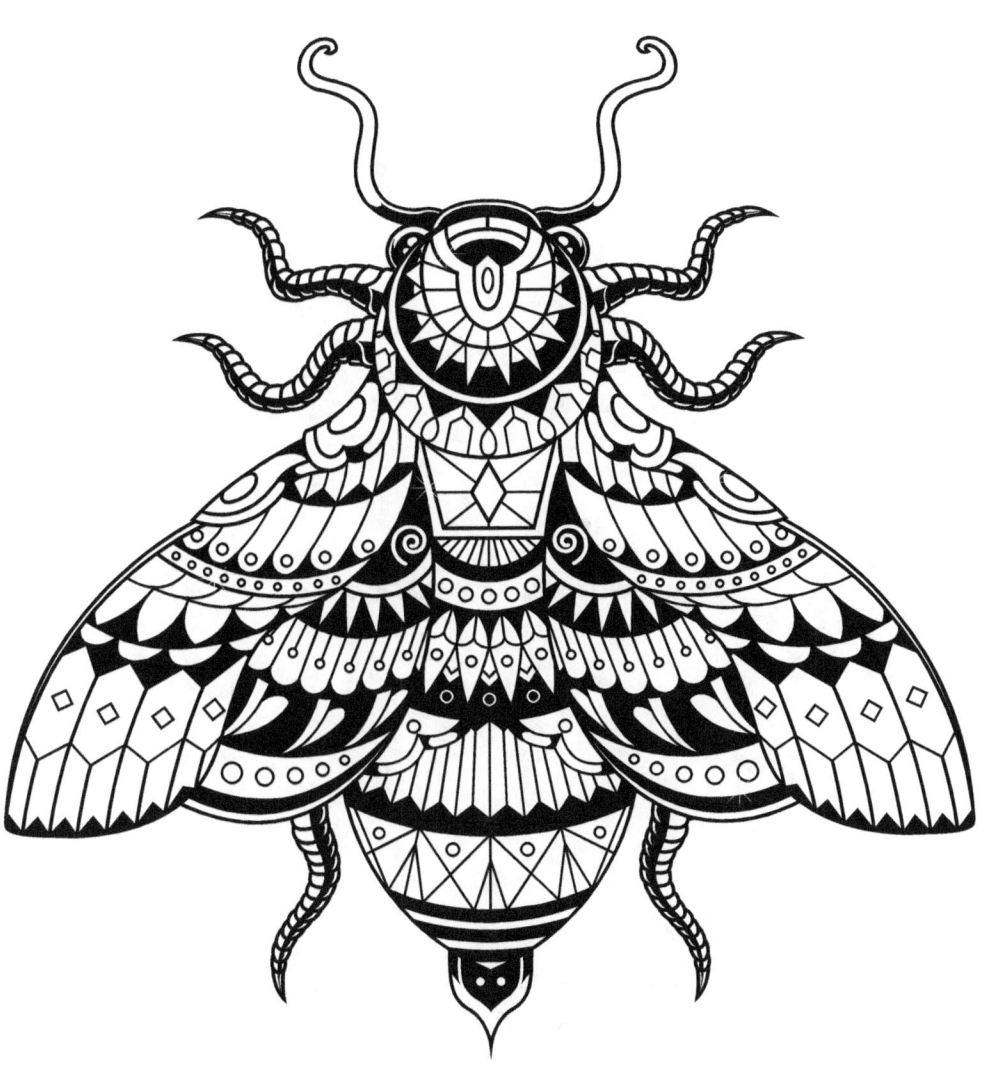

*Data*_____ L☐ M☐ M☐ G☐ V☐ S☐ D☐

Note di meditazione

Come mi sento oggi

Riflessioni Personali

Il mio stato d'Animo

😎 🙂 😐 😑 ☹️

Come posso migliorare

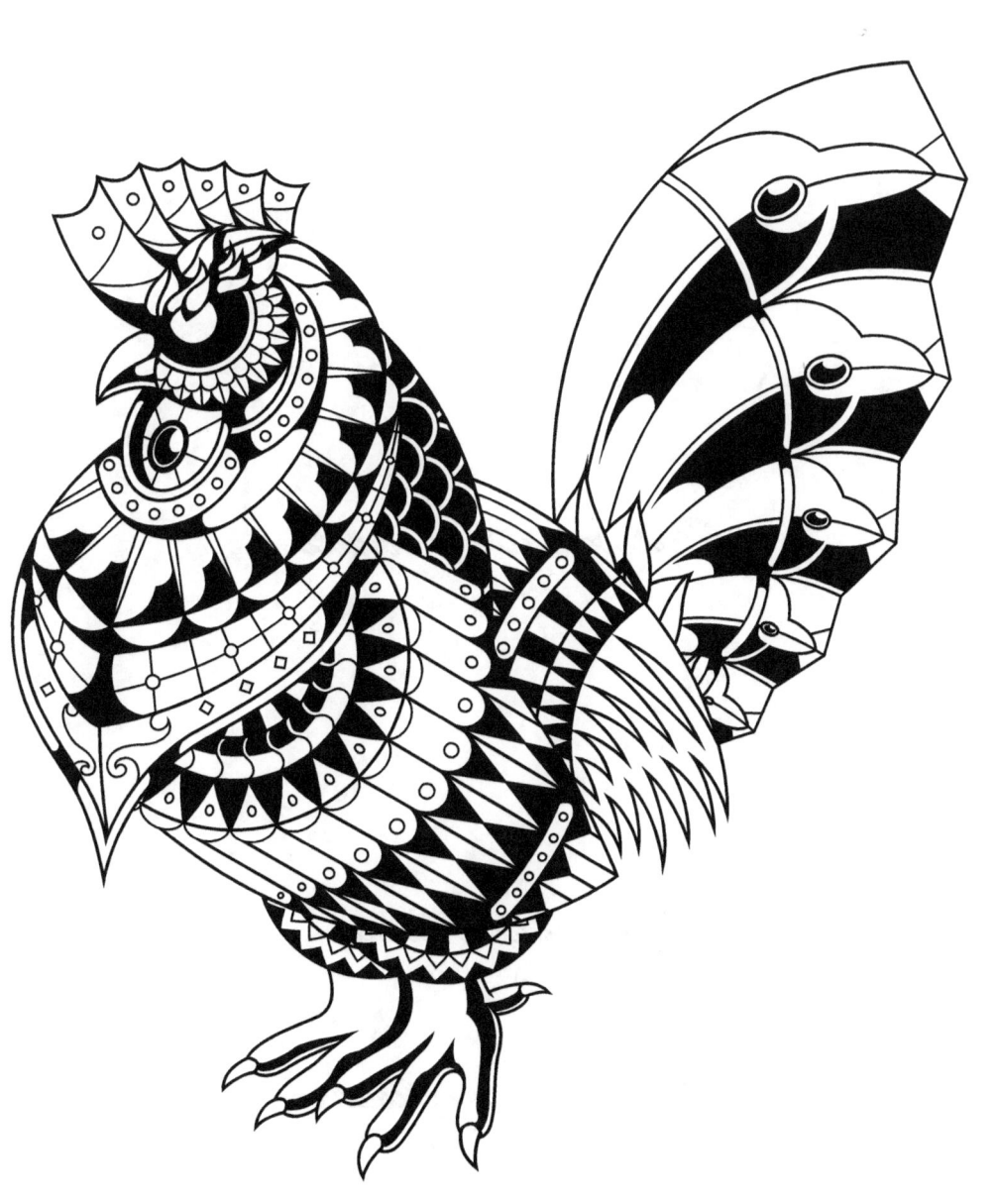

Data_____ L☐ M☐ M☐ G☐ V☐ S☐ D☐

Note di meditazione

Come mi sento oggi

_____
_____
_____
_____
_____

Riflessioni Personali

_____
_____
_____
_____
_____

Il mio stato d'Animo
😃 🙂 😐 😑 ☹️

Come posso migliorare

_____
_____
_____
_____

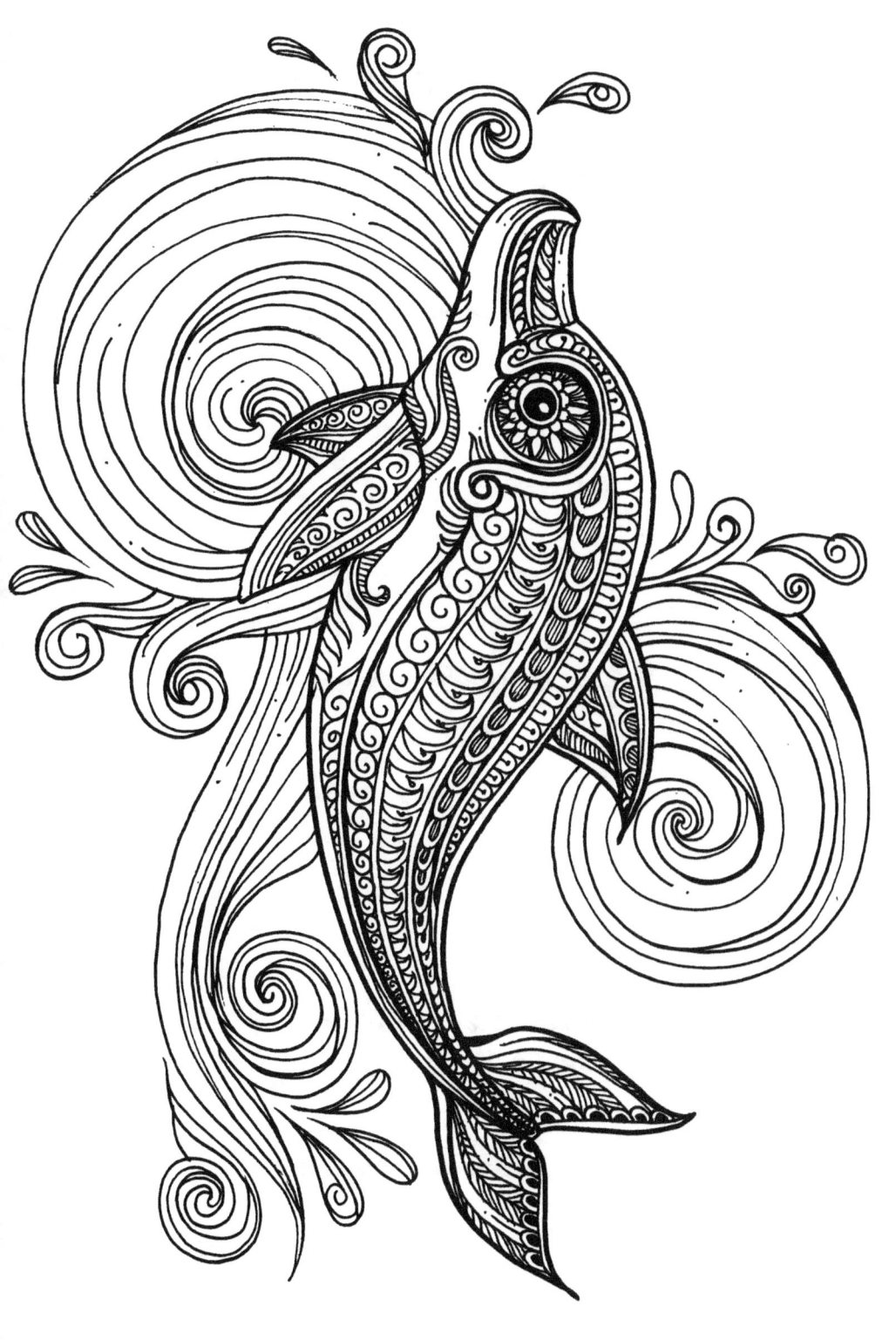

*Data*_____ L ☐ M ☐ M ☐ G ☐ V ☐ S ☐ D ☐

Note di meditazione

Come mi sento oggi

_____
_____
_____
_____
_____

Riflessioni Personali

_____
_____
_____
_____
_____

Il mio stato d'Animo
😄 🙂 😕 😑 ☹️

Come posso migliorare

_____
_____
_____
_____

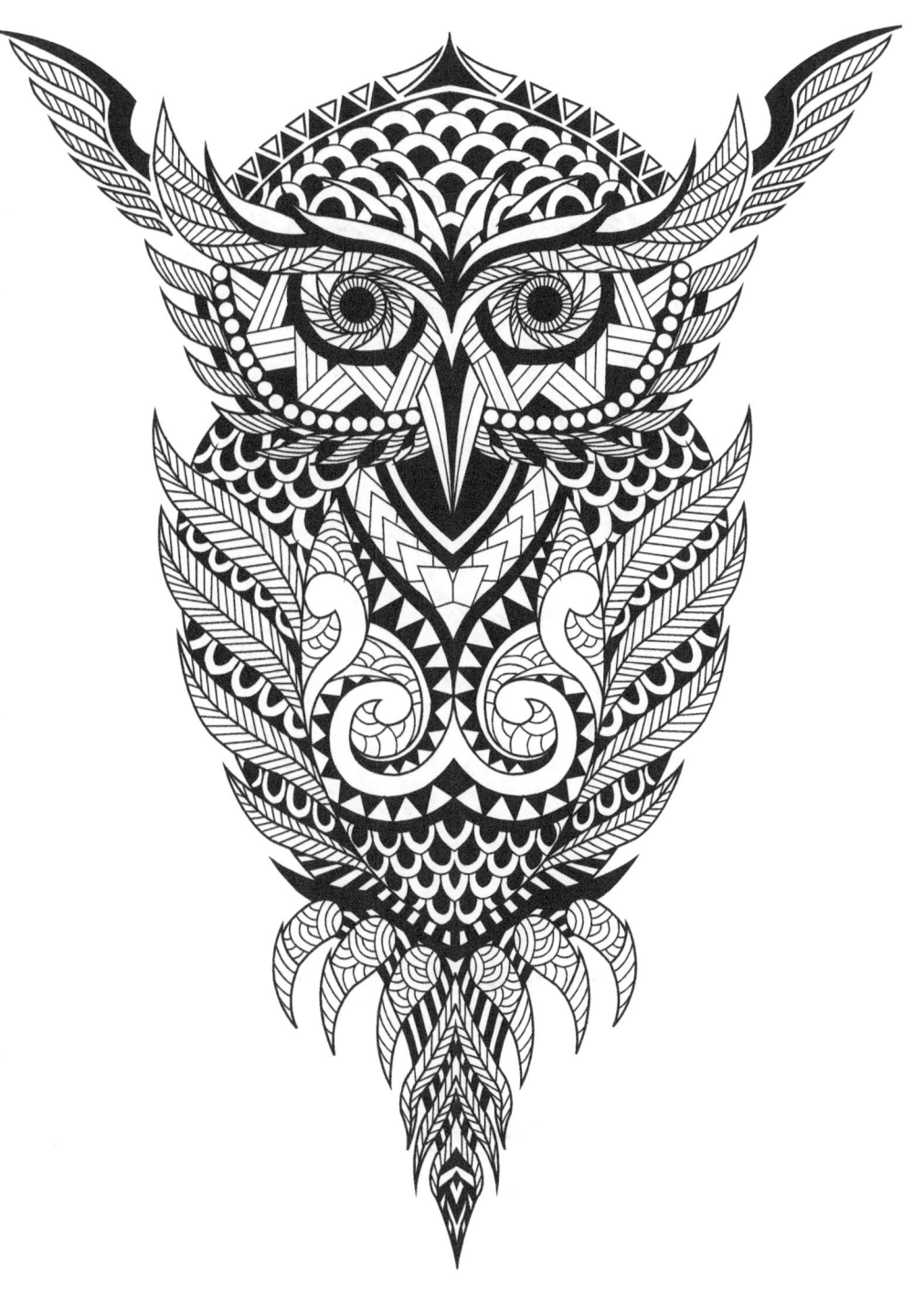

Data_____ L☐ M☐ M☐ G☐ V☐ S☐ D☐

Note di meditazione

Come mi sento oggi

Riflessioni Personali

Il mio stato d'Animo
😎 🙂 😕 😐 ☹️

Come posso migliorare